AF474092

BIBLIOTHÈQUE DE LA PAIX

PUBLIÉE PAR LES SOINS DE LA

LIGUE INTERNATIONALE ET PERMANENTE DE LA PAIX

QUATRIÈME LIVRAISON

PREMIÈRE

ASSEMBLÉE GÉNÉRALE

8 JUIN 1868

PRIX : UN FRANC

PARIS

LIBRAIRIE GUILLAUMIN ET C^o, 14, RUE RICHELIEU

ET AU SECRÉTARIAT DE LA LIGUE DE LA PAIX

La Ligue Internationale de la Paix a été constituée le 30 mai 1867 par la DÉCLARATION suivante :

Les soussignés, unis dans de mêmes sentiments de prévoyance, de justice et d'humanité ;

Considérant que la guerre et les animosités réciproques qu'elle engendre sont en contradiction manifeste avec toutes les tendances de la civilisation, et spécia- lement avec cet irrésistible mouvement qui, de plus en plus, rapproche les hommes par le travail ;

Convaincus que le véritable patriotisme, à mesure qu'il fait mieux sentir aux diverses nations le prix de leur propre indépendance, leur impose plus visiblement le devoir de s'abstenir de toute atteinte et de toute menace à l'indépendance des autres nations;

Déclarent prendre ensemble la résolution de défendre et de propager, selon leurs forces, ces grands principes de respect mutuel qui doivent être désormais la charte commune du genre humain;

Et dans cette intention ils se constituent, dès aujourd'hui, en Comité pour la formation d'une *ligue internationale et permanente de la paix*.

Ils font avec confiance, pour le développement et le succès de cette œuvre, appel au concours de tous les hommes de bonne volonté de tous les pays.

ALTGELD, conseiller intime de régence à Dusseldorff (Prusse), vice-président de la LXXXIXe classe de l'Exposition.

ARLÈS-DUFOUR, vice-président du IVe groupe, *vice-président*.

Cesare CANTU, ancien député au Parlement italien.

Michel CHEVALIER, sénateur, membre de l'Institut, etc., *vice-président*.

Auguste COUVREUR, membre de la chambre des Représentants de Belgique, rédacteur de l'*Indépendance belge*.

Jean DOLLFUS, maire de Mulhouse, vice-président du Xe groupe, *vice-président*.

Joseph GARNIER, rédacteur en chef du *Journal des Économistes*, professeur à l'École impériale des ponts et chaussées, secrétaire du Congrès de la Paix, en 1849.

A. GRATRY, prêtre de l'Oratoire, membre de l'Académie française.

ISIDOR, grand rabbin du Consistoire central israélite.

Baron Justus de LIEBIG, de Munich, président du Xe groupe, *vice-président*.

MARTIN PASCHOUD, pasteur de l'Église réformée de Paris.

L. M. PASTOR, sénateur, ancien ministre des Finances, président de l'Association espagnole pour la réforme douanière, etc., *vice-président*.

Frédéric PASSY, *secrétaire général*.

Charles SUMNER, membre du Sénat des États-Unis, à Boston, *vice-président*.

Docteur de VARRENTRAPP, de Francfort.

Auguste VISSCHERS, membre du Conseil des mines de Belgique, président du Congrès de Bruxelles en 1848, vice-président du Congrès de Paris en 1849, etc., *vice-président*.

—

Voir à la fin la Circulaire du Comité

LIGUE

INTERNATIONALE ET PERMANENTE

DE LA PAIX

PREMIÈRE ASSEMBLÉE GÉNÉRALE

VERSAILLES, IMPRIMERIE CERF, 59, RUE DU PLESSIS

BIBLIOTHÈQUE DE LA PAIX

PUBLIÉE PAR LES SOINS DE LA

LIGUE INTERNATIONALE ET PERMANENTE DE LA PAIX

QUATRIÈME LIVRAISON

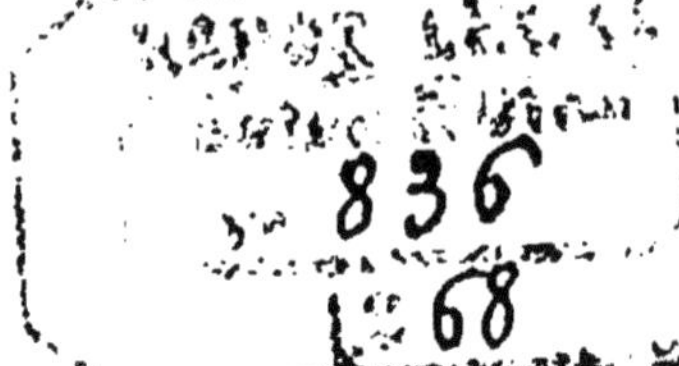

PREMIÈRE

ASSEMBLÉE GÉNÉRALE

8 JUIN 1868

PRIX : UN FRANC

PARIS

LIBRAIRIE GUILLAUMIN ET Cie, 14, RUE RICHELIEU

ET AU SECRÉTARIAT DE LA LIGUE DE LA PAIX

AVANT-PROPOS.

La première assemblée générale de la Ligue de la Paix a eu lieu, conformément à l'engagement pris à cet égard, lors de la fondation de la Ligue, par le Comité central, à l'expiration de la première année. A la demande unanime des assistants, nous donnons ci-après la reproduction intégrale de cette séance, telle qu'elle nous est fournie par le sténographe chargé de la recueillir.

Cette publication nous dispensant de tout commentaire sur cette belle et imposante journée, nous nous bornons à prendre acte d'un succès déjà constaté de toutes parts par la presse. Nous ferons remarquer seulement que, si grand que soit ce succès, il ne peut donner qu'une idée incomplète du véritable état des esprits et de la réelle influence de notre œuvre. Des circonstances exceptionnelles, qui, nous en avons la confiance, ne se représenteront plus, nous avaient en effet, à notre grand regret, contraints d'ajourner notre réunion à une époque où beaucoup de personnes viennent précisément de quitter Paris; et les convocations, par les mêmes motifs, et par d'autres, n'avaient pu être qu'insuffisantes et tardives. De là, surtout parmi nos associés étrangers, de regrettables et bien involontaires absences. On trouvera mentionnées aux annexes une partie des lettres qui nous ont été adressées à ce sujet, et dont il a été impossible de donner connaissance même sommaire à la réunion. Diverses pièces ou mentions intéressantes y sont jointes.

Nous publions ce compte-rendu, conformément au désir qui nous a été manifesté, dans le format habituel de notre *Bibliothèque de la Paix*. Nous regrettons que ses dimensions exceptionnelles nous mettent dans la nécessité d'en élever le prix : mais tel qu'est ce prix, il reste bien modeste, et nous espérons qu'il n'arrêtera aucune des personnes qui, ne connaissant pas encore suffisamment notre œuvre, voudraient la juger sur ses actes. Nous espérons davantage, disons-le franchement; nous espérons qu'après s'être ainsi rendu compte de ce que nous sommes, de ce que nous avons fait et de ce que nous avons à faire, tous les lecteurs de ce volume désireront s'unir à nous pour seconder nos efforts et en hâter le succès. Chacun de nous, à toute heure et en tout lieu, ne l'oublions pas, peut influer, en bien ou en mal, sur la destinée du monde entier, sur sa destinée présente et sur sa destinée future. Il n'y a pas dans l'univers une goutte d'eau qui se perde. Il n'y a pas davantage un acte ou une parole qui ne pèse son poids dans le grand ensemble.

LIGUE

INTERNATIONALE ET PERMANENTE

DE LA PAIX

PREMIÈRE ASSEMBLÉE GÉNÉRALE

8 JUIN 1868

Présidence de M. Jean DOLLFUS, Maire de Mulhouse, l'un des Vice-Présidents de la Ligue.

La séance est ouverte à deux heures et demie.

MM. Auguste Visschers, membre du Conseil des mines de Belgique, Henry Richard, et Ed. Pease, délégués de la Société des Amis de la Paix de Londres, Chamerowzow, secrétaire de l'Association pour la protection des hommes de couleur, Isidor, grand Rabbin, Martin-Paschoud, pasteur, Frédéric Passy, secrétaire général de la Ligue, Joseph Garnier, rédacteur en chef du *Journal des Economistes*, A. Guéroult, rédacteur en chef de *l'Opinion Nationale*, etc., prennent place sur l'estrade à côté du Président.

M. JEAN DOLLFUS, président, s'exprime en ces termes :

MESSIEURS,

« La *Ligue de la Paix*, fondée l'an dernier à l'ouverture de l'Exposition universelle, sur le seuil même d'un édifice que nous pouvions alors à bon droit nommer le *Palais de la Paix*, convoque aujourd'hui pour la première fois ses adhérents.

Nous venons à cette occasion vous rendre compte des progrès de notre œuvre et vous entretenir des efforts que nous ne cesserons de faire pour le triomphe des sentiments d'union et de fraternité qu'elle a pour but d'établir ou de propager parmi les peuples. Si cette œuvre paraît encore à ses débuts, nous ne devons pas pour cela nous décourager; nous devons au contraire redoubler d'efforts, avoir confiance dans l'avenir et dans le bien que nous ne pouvons manquer de réaliser tôt ou tard, si nous persévérons.

Nous eussions désiré pendant la durée de l'Exposition universelle provoquer de fréquentes réunions, organiser des conférences, répandre en grand nombre d'utiles publications : des circonstances indépendantes de notre volonté nous ont empêché de donner suite à ces projets, et nous l'avons bien vivement regretté. Mais aujourd'hui tout nous permet d'espérer que les mêmes difficultés ne se présenteront plus ; le but que se propose l'Association, et les voies par lesquelles elle veut l'atteindre, ne sauraient être l'objet d'aucune désapprobation.

Aussi comptons-nous sur de nouvelles et nombreuses adhésions. Nous sommes en mesure de recourir dès aujourd'hui à une plus grande publicité, et de mettre à la portée de tous, des écrits qui feront ressortir les bienfaits de la paix, de la paix sans laquelle il n'y a pour les peuples ni sécurité ni bien-être.

Afin d'atteindre plus sûrement notre but, nous comptons unir nos efforts à ceux d'autres grandes associations qui s'organisent chaque jour en nombre plus considérable et qui partagent nos principes. Comment l'humanité ne serait-elle pas avec nous? La civilisation n'existera réellement sur la terre que lorsque les hommes cesseront de s'entr'égorger, lorsqu'ils feront enfin ce que Dieu et leur conscience commandent.

Nous devons regarder comme des barbares ceux qui songent encore à faire des conquêtes sanglantes et à se massacrer les uns les autres. Nous ne pouvons plus comprendre désormais d'autres rivalités que celles qui ont pour objet des œuvres concourant au bien général. Les victoires que nous avons à remporter sont celles qui se gagnent sur les champs de bataille de la science, du travail et dans lesquelles les vaincus eux-mêmes décernent des couronnes aux vainqueurs. Nous ne devons plus connaître d'autre gloire que celle du progrès de l'humanité par la richesse, par l'instruction et par l'éducation morale.

Les guerres qui se sont succédé en Europe et en Amérique depuis 14 années, ont coûté la vie à plus de 1,700,000 hommes et ont occasionné une dépense de près de 50 milliards.

Comment ne pas frémir à l'idée des carnages, des destructions bien plus épouvantables encore, que réserverait à l'humanité le perfectionnement des armes nouvelles ?

Ne sommes-nous pas en droit de demander à quoi peuvent être utiles ou nécessaires ces luttes fratricides dans lesquelles coulent des fleuves de sang humain ?

Ferons-nous la guerre pour conquérir de nouveaux territoires ?

Ce n'est pas de cela que les peuples ont besoin pour être plus heureux.

Insistons sans relâche sur l'horreur de ces massacres, sur l'immensité de ces sacrifices, de ces dépenses improductives que les armements imposent à tous les pays, sur l'énormité des pertes que la prévision seule de la guerre nous fait subir en enlevant chaque année au travail les bras les plus robustes et les plus utiles.

C'est en mettant sous les yeux de tous le tableau des maux que la guerre entraîne avec elle que nous pourrons gagner à la cause de la paix la volonté générale.

L'approbation de la France et de son gouvernement ne peut nous manquer.

L'Empereur des Français a, le premier, demandé que l'Europe entière voulût enfin se considérer comme un peuple de frères, et qu'à l'avenir les gouvernements consentissent à régler pacifiquement, et par des congrès, leurs contestations, qui heureusement tendent à devenir plus rares aujourd'hui que les nations, plus rapprochées les unes des autres, échangent entre elles sans cesse et si promptement leurs idées et leurs produits.

Nous faciliterons ainsi au Souverain la réalisation des pacifiques projets qu'en mainte circonstance et tout récemment encore il a manifestés ; nous l'aiderons à conquérir la gloire la plus grande aux yeux de la postérité : celle qu'elle accorde aux hommes qui ont le plus contribué au bien-être de l'humanité, et qui n'ont pas fait couler le sang des fils et les larmes des mères.

Occupons-nous donc tous à augmenter la phalange des amis de la paix. Nos efforts, si nous savons vouloir, seront couronnés de succès ; et lors d'une prochaine Exposition universelle, nous pourrons dire peut-être que nous avons acquis quelques droits à la reconnaissance du monde. »

Ce discours, écouté avec une grande attention, est accueilli par les applaudissements et les marques d'approbation de l'assemblée.

La parole est donnée à M. le secrétaire-général.

M. Frédéric Passy, *secrétaire-général*, présente le rapport suivant :

Mesdames, Messieurs,

Je suis appelé, par les fonctions dont m'a honoré la confiance du Comité directeur, à vous présenter aujourd'hui l'exposé de la situation matérielle et morale de l œuvre au nom de laquelle nous sommes ici réunis. Je commencerai par ce qu'il y a de plus facile, par la situation matérielle; et je la prendrai dans ses traits les plus simples et les plus extérieurs, en vous communiquant d'abord quelques chiffres qui résument les comptes de nos honorables trésoriers :

Au 31 mai dernier, fin de la première année, la balance arrêtée par notre Caissier se soldait par un excédant disponible de.................. 2,459 fr. 65

Les recettes, s'élevant à............ 6,275 » 50

étaient composées comme il suit:

Fondateurs (souscriptions et autres sommes)............................ 5,175 »

Sociétaires (cotisations et versements supplémentaires).................... 960 »

Dons volontaires à divers titres (l'obole du pauvre quelquefois)........... 48 »

Vente de brochures par le secrétariat. 92 » 50

Les dépenses s'élevaient à 3,815 fr. 85, se décomposant, en gros, comme il suit :

Impressions de toute nature, et envois 2,255 fr. 70

Frais divers — secrétariat, local, paiement d'employés, etc.............. 1,560 » 15

Le détail de ces sommes serait fastidieux et n'offrirait évidemment aucune espèce d'instruction pour l'assemblée; je ne pense pas qu'elle tienne beaucoup à ce qu'il lui soit fourni.

Depuis le 31 mai, il a été reçu de différentes mains, d'abord pour vente de publications de la Ligue, par la librairie Guillaumin.................. 56 fr. 25

Puis de notre collègue, M. Arlès Dufour, pour contribution aux dépenses de la solennité d'aujourd'hui.............. 100 fr.

Et de différentes autres mains d'autres sommes, dont le chiffre m'arrive en ce moment même.

Le résultat définitif est qu'il y a en caisse, à ce jour, en tenant compte des sommes assez considérables soldées depuis une semaine,.... 2,852 fr. 70 différence entre une recette de 6,851 fr. 75 et une dépense de 3,998 fr. 85 (1).

Je dois ajouter que nous avons à payer pour dépenses faites à cette heure, impressions de volumes, frais de cette séance, et autres, tels que loyer et employés, une somme, que je ne puis évaluer qu'approximativement, de 12 à 1,500 fr.

Je crois pouvoir dire, d'autre part, que les rentrées qui ne sont pas encore effectuées (et qui dans bien

(1) V. ci-après à l'*Appendice* l'ensemble des comptes.

des cas ne sont pas effectuées parce qu'on n'en a pas poursuivi le recouvrement, ainsi que s'en plaignaient gracieusement ce matin même quelques-uns de nos membres fondateurs) s'élèvent approximativement à la même somme.

Nous pouvons donc considérer que nous avons actuellement, tout balancé, un excédant disponible de 2,000 à 2,500 francs. Ce n'est pas assurément un budget colossal, mais c'est au moins un budget avouable. (Sourires.)

Ces chiffres, Messieurs, vous donnent, comme je viens de le dire, un aperçu de notre situation matérielle, mais ils n'en donnent évidemment qu'un aperçu. Ils vous disent que nous avons vécu un an ; et c'est quelque chose que d'avoir vécu un an : il est permis d'en prendre acte. Ils vous disent même que pendant cette période nous avons grandi, que nous avons agi et travaillé, et que nous sommes en mesure d'agir et de travailler davantage; c'est quelque chose encore. Mais ils ne vous disent pas comment nous avons vécu, comment nous avons grandi, comment nous avons agi. Ils ne vous disent pas quelles difficultés nous avons rencontrées, quels secours nous avons rencontrés aussi, et par quelles voies nous sont venus ces secours ; quels travaux enfin nous avons entrepris, quels résultats nous avons obtenus, et quelles espérances, grâce aux bases que dès maintenant nous avons posées à notre œuvre, nous pouvons légitimement concevoir pour l'avenir.

C'est tout cela, Messieurs, que, pour ne pas manquer à ma tâche, je dois maintenant, sinon vous exposer en détail, du moins vous indiquer rapidement.

J'ai à vous demander, pour cet aperçu, une grande indulgence. J'aurais voulu, selon l'usage, ne me présenter devant vous qu'avec un rapport composé à loisir; l'abondance des derniers courriers, qui sont toujours les plus importants, et les mille tracas inséparables de la préparation d'une première réunion, ne m'ont permis, j'en dois faire l'aveu, que de mettre bien précipitamment en ordre des documents et des notes au milieu desquels je tâcherai de me retrouver de mon mieux. (Parlez! parlez! — Marques d'attention.)

Messieurs, « en toute chose, » dit-on, « il faut considérer la fin. » Il faut aussi, à notre avis, considérer le commencement. Le commencement, pour nous, a été modeste, très-modeste; et nous n'avons aucunement, veuillez le croire, la prétention d'avoir fait ou de faire ni une révolution ni une révélation. Il y a longtemps, bien longtemps, que les entrailles de l'humanité tressaillent pour la paix. Il y a vingt ans, pour le moins, que l'un de nos éminents collègues (qu'une indisposition empêche aujourd'hui, malheureusement, de venir joindre, comme nous l'espérions, sa voix à la nôtre), M. Michel Chevalier, a écrit que, pendant les longues guerres de nos pères, il s'élevait du fond de la conscience des peuples comme un ardent et croissant soupir vers la paix. Ce qu'il y a de certain, c'est que depuis la fin de ces longues guerres, pour le moins, un travail visible et incessant a commencé à se faire de toutes parts dans le monde contre l'esprit de jalousie, d'hostilité et de rancune dont le monde venait de tant souffrir. C'est que, à partir de 1816, de l'autre côté de l'Océan comme en Europe, et sur le continent comme en Angleterre, se sont montrées peu à peu, — comme des germes tendres d'abord, mais de plus en plus développés et robustes, — des sociétés destinées à répandre parmi les hommes les idées de justice, de fraternité et d'amour, à combattre au contraire les idées de violence, de cupidité et de haine. De ces sociétés, de leurs efforts, de leurs progrès ; des manifestions, bientôt importantes et quelquefois considérables (bien autrement considérables que celle-ci), qui peu à peu en sont sorties ; l'un de nos collègues, étranger par la nationalité, mais non par le cœur, M. Auguste Visschers, ici présent, vous tracera tout à l'heure un aperçu, trop court à notre gré (1). Nul ne le peut faire mieux que lui ; car il a été partie active dans tout ce dont il a à parler, et il peut, sans présomption, s'appliquer le vers célèbre du poète latin : *Quorum pars magna fui.*

Nous n'avons donc été, vous le voyez, que des

(1) On peut voir aussi au journal des *Economistes* du 15 mai, dans notre article sur la *Ligue de la Paix*, quelques indications sur ces antécédents de notre œuvre.

continuateurs; et tout notre mérite (si mérite il y a) se réduit à ne pas avoir renié la tradition de nos devanciers. Tout au plus pourrions-nous dire que nous avons été, parmi toutes les voix qui ont au même moment essayé de se faire entendre, quelques voix plus entendues que d'autres; ou si vous l'aimez mieux, des voix qui se sont élevées au moment opportun : ce n'était pas la première fois, en effet, que nous parlions nous-mêmes pour la plupart.

Rappelez-vous, Messieurs, quel était, il y a un an, à cette époque à laquelle faisait allusion tout à l'heure notre honorable Président, l'état du monde. Le monde venait d'être convié, et convié par la France, à ce grand, à ce magnifique concours qui semblait être la protestation universelle du travail contre l'esprit d'insécurité et de violence. Ce fut à ce moment même, vous le savez, que l'esprit de guerre, comme pour essayer ses forces, se réveilla tout à coup, et que le vent des batailles, agitant les plis de ces drapeaux qui venaient à peine de se réunir dans le Champ de Mars transformé par eux en champ de paix, sembla prêt à les déchirer de nouveau. Il se trouva, heureusement, que déjà ces plis étaient énergiquement entrelacés; et ce fut l'esprit de paix qui l'emporta. Il l'emporta, Messieurs, disons-le franchement, grâce à la sagesse des puissances en cause, qui surent comprendre que la modération et la condescendance réciproque sont plus honorables et plus dignes souvent que l'obstination et la hauteur; grâce à la médiation efficace et conciliante d'une puissance amie, qui sut préparer à temps les voies à un accommodement raisonnable ; grâce aussi, grâce surtout, peut-être, à l'heureuse influence de l'opinion, qui, en manifestant de toutes parts avec éclat la sagesse des peuples, rendit possible la sagesse des souverains. Car les souverains, quoi qu'on en dise, ne sont pas toujours maîtres de faire ce qu'ils veulent, ni pour le bien, ni pour le mal. (Applaudissements prolongés.)

De cette sagesse, Messieurs, nous avons, je le répète, eu notre part, et, peut-être même, qui sait ? une part moins grande qu'on ne l'a cru et que nous ne l'avons cru nous-mêmes ; car il nous est bien permis, à nous au moins, d'en faire l'aveu, nous ne savions guère, en poussant le cri qui est devenu bientôt un cri de ralliement général, et au nom duquel, aujourd'hui encore, nous sommes ici réunis, qu'il dût avoir tout le retentissement qu'il allait avoir et rencontrer l'accueil qu'il a rencontré.

Quoi qu'il en soit, succès oblige ; et cet accueil nous imposait un devoir : c'était de ne pas laisser retomber sur elle-même l'opinion publique une fois émue et soulevée en faveur de la paix. La guerre était écartée ; mais l'esprit de guerre l'était-il ? L'Europe avait échappé aux horreurs d'une effroyable lutte : mais avait-elle recouvré le calme et la confiance ? Il était, hélas ! trop permis de penser que non. Une action de tous les instants restait donc nécessaire. Il fallait, puisque les causes de conflit sont de tous les instants, ne rien négliger pour que de nouvelles difficultés ne vinssent pas à surgir, ou que, s'il s'en produisait, le même esprit de sagesse, de modération, de conciliation qui, une première fois, avait prévalu, fût encore debout pour prévaloir de nouveau. Il fallait cela partout, Messieurs, mais en France plus qu'ailleurs peut-être.

Dans notre pays, vous le savez, on est prompt à agir, mais on est prompt aussi à se reposer. On aime à se lancer contre les obstacles; mais on aime aussi à se dire qu'on a eu raison des obstacles; et pour peu que le danger du jour même ait disparu, on laisse assez volontiers dans l'ombre le danger du lendemain. Cette réaction de l'opinion n'a pas manqué de se produire l'an dernier; et elle a été, il faut le dire, une des grandes difficultés que nous avons rencontrées à nos débuts. La crainte de la guerre, on l'a dit avec autant d'esprit que de raison, ressemble à la crainte de la mort; on n'y pense guère que lorsqu'on la voit en face de soi, c'est-à-dire habituellement lorsqu'il est trop tard. (Marques d'approbation.)

Nous avons voulu, Messieurs, avoir plus de prévoyance; et puisque la guerre n'est que le résultat de malentendus, d'excitations, de passions et de préjugés, pendant longtemps nourris et attisés, nous avons pensé que c'était à l'avance, que c'était sous mille formes, et tous les jours, qu'il fallait agir contre des causes et des dangers de toutes les formes et de tous les jours.

De là cette *déclaration* que quelques hommes, unis dans la même pensée, crurent devoir signer en commun, et que je vous demande, quoiqu'elle soit connue de la plupart d'entre vous, de tous peut-être, la permission de remettre sous vos yeux :

« *Considérant,* » disent les signataires de cette pièce, « *que la guerre et les animosités réciproques* » *qu'elle engendre sont en contradiction manifeste* » *avec toutes les tendances de la civilisation, et spé-* » *cialement avec cet irrésistible mouvement qui, de* » *plus en plus, rapproche les hommes par le travail;*

» *Convaincus que le véritable patriotisme, à mesure* » *qu'il fait mieux sentir aux diverses nations le prix* » *de leur propre indépendance, leur impose plus visi-* » *blement le devoir de s'abstenir de toute atteinte et de* » *toute menace à l'indépendance des autres nations;*

» *Les soussignés déclarent prendre ensemble la réso-* » *lution de défendre et de propager, selon leurs forces,* » *ces grands principes de respect mutuel qui doivent* » *être désormais la charte commune du genre humain;*

» *Et dans cette intention, ils se constituent, dès au-* » *jourd'hui, en comité pour la formation d'une* LIGUE » INTERNATIONALE ET PERMANENTE DE LA PAIX. »

A cette déclaration, quelques jours après seulement, vint s'ajouter une pièce plus longue, destinée à faire connaître les conditions d'adhésion que nous avions cru devoir arrêter. Je n'en extrais que ces quelques lignes, qui sont fondamentales :

« *La Ligue internationale de la Paix a pour but*

» EXCLUSIF *la propagation des idées indiquées dans » ses déclarations précédemment publiées.*

» *Sa durée est indéfinie.*

» *Elle admet dans son sein,* SANS DISTINCTION DE » RACE, DE COULEUR OU DE SEXE, SANS ACCEPTION » DE PARTI OU DE RELIGION, *toutes les personnes qui » acceptent son programme et se sentent disposées à » en seconder la réalisation.* »

Tout notre esprit, je crois pouvoir le dire, est dans ces quelques lignes; et pour exprimer avec plus de sûreté, et sans rien laisser aux hasards de l'improvisation, la manière dont nous apprécions nous-mêmes cet esprit, je vous demande, Messieurs, la permission de vous lire encore quelques lignes d'un travail dans lequel j'essayais de la formuler tout récemment (1) :

« On le voit, le caractère de l'œuvre nouvelle était » nettement déterminé dès le début. Ce n'était pas » ce qu'on est convenu d'appeler une œuvre *politi- » que,* ce n'était pas davantage une œuvre *nationale,* » c'était une œuvre HUMAINE.

» Ce n'était pas aux passions passagères, aux » préoccupations personnelles, aux influences lo- » cales qu'il s'agissait de donner satisfaction et de » faire appel; c'était aux convictions sérieuses, aux » sentiments généreux, à la prévoyance et à la sa- » gesse véritables. C'était, en un mot, sur le solide » terrain des « principes et des intérêts universels »

(1) V. l'article précité du *Journal des Économistes.*

» que se plaçait la Ligue. A choisir ce terrain, elle » se privait, sans doute (et elle ne l'ignorait pas), de » bien des moyens de succès apparent. Elle renon- » çait aux concours intéressés et aux enthou- » siasmes éphémères; et elle se condamnait à n'a- » voir guère pour elle ces bruyantes trompettes, » toujours prêtes à sonner la charge contre ceci ou » contre cela. En revanche, elle avait moins à » craindre ces méprises, ces malentendus, ces illu- » sions, suivis bientôt de refroidissement, de décou- » ragement ou d'aigreur, qui sont l'écueil habituel » des œuvres hâtives et trop légèrement prônées. » Elle pouvait espérer qu'on ne viendrait à elle qu'en » connaissance de cause; qu'une fois venu on lui » resterait fidèle; et que ses progrès, pour être » moins rapides d'abord, n'en seraient que plus cer- » tains et plus soutenus. »

C'est, Messieurs, ce qui s'est réalisé; c'est ce que cette première année, au milieu de ses inévitables embarras, a prouvé pour nous : et c'est ce dont il me reste maintenant à faire pour vous la preuve par une énumération un peu plus détaillée de ce que nous avons fait et de ce que nous avons encore à faire.

Nous avons marché doucement d'abord; et nous avons marché doucement par nécessité, et aussi par prudence. Nous avons marché doucement, parce que, comme je le disais tout à l'heure, ce n'était pas un changement à vue que nous voulions opérer, mais une transformation graduelle et durable. Nous voulions enraciner dans le sol une plante encore tendre; nous ne rêvions pas de transplanter du jour au lendemain un de ces arbres immenses qui, après avoir pendant quelques jours étonné les passants, n'étalent plus aux regards qu'une masse desséchée. Nous devions aller lentement, parce qu'il y a toujours, en toutes choses, un apprentissage inévitable, à faire des « écoles, » comme les appelle le langage familier,—nous en avons fait, puissent-elles être les dernières! — et qu'il nous paraissait préférable de ne pas faire ces fautes trop en grand, de façon à nous corriger insensiblement et à nous trouver, le jour où notre influence serait enfin affermie et assurée, en possession d'une dose suffisante de cette expérience qu'on n'acquiert en général qu'à ses dépens.

Nos débuts donc, nous ne nous en cachons pas, ont été lents, et ils n'ont guère paru répondre, pendant plusieurs mois, à cette espèce d'empressement et d'éclat qui avait accueilli nos premières paroles. Ce n'est pas sans quelque peine que nous avons réussi à retenir, à grouper, à accroître les hommes mêmes qui s'étaient d'abord montrés, et qui allaient se montrer, de plus en plus, remplis de confiance dans notre œuvre et dans nos efforts pour cette œuvre. A cela, encore une fois, il y a eu bien des causes, et la première a été celle que je signalais tout à l'heure.

Au moment où la guerre paraissait imminente,

le secours arrivait de toutes parts, et de l'Allemagne comme de la France : car il ne faut pas oublier que c'est de l'Allemagne, de la Prusse, et du cœur de la Prusse, de l'*Association générale des ouvriers de Berlin* qu'est parti le premier appel à la paix, la première protestation contre la guerre... (Nombreux applaudissements.) Il ne faut pas oublier que, de l'autre côté du Rhin, les écrits et les paroles de M. Simon de Trèves, les discours du docteur Jacoby, les lettres de M. H. de Fichte, les adresses des sociétés allemandes de Suisse se terminant par ces mots : « *Vive la France! Vive l'Allemagne!* » les adresses de la loge de Fribourg-en-Brisgau, des sociétés ouvrière et musicale de Fribourg, et celles de presque toutes les associations ouvrières de Wurtemberg(1), avaient poussé en même temps que nous ce cri vers la paix qui, à la même époque, se propageait à travers la France entière comme une traînée de poudre. Lorsque les appréhensions qui avaient soulevé ce cri eurent disparu par la Conférence de Londres, le silence se fit des deux côtés de la frontière.

(1) Nous citerons entre autres les Sociétés ouvrières de perfectionnement de Bieberich, Francfort, Hanau, Limbourg, Mayence, Offenbach, Oppenheim et Wiesbaden. Rappelons également la lettre de M. Grothe, bourgmestre de Schwelm, à M. J. Dollfus, et l'attitude de la *Gazette du peuple*, de Berlin. On sait qu'en France la lettre des ouvriers de Berlin avait immédiatement donné lieu à une déclaration analogue des étudiants des Facultés de Paris, et qu'une réponse des ouvriers parisiens, publiée par la *Coopération*, s'était en un moment trouvée couverte de 1,500 signatures.

Nous avons fait notre devoir, se disait-on de part et d'autre; et nous avons réussi : à quoi bon maintenant continuer une agitation et une propagande sans objet?

Nous eûmes à lutter, Messieurs, contre une autre difficulté plus grave de beaucoup : ce ne fut pas seulement l'inertie, ce fut la prévention que nous rencontrâmes.

Tels sont les regrettables vestiges des divisions qui depuis un siècle bientôt ont troublé notre pays, telles sont les méfiances et les rancunes laissées par elles au fond des âmes, que l'on a peine le plus souvent, chez nous, à croire au désintéressement des hommes qui s'occupent de quelque entreprise de bien public ; je devrais ajouter, peut-être, ce qui est plus triste, que lorsqu'on croit au désintéressement, on ne l'estime pas ou on ne l'estime pas assez. De là, de la part des uns, des hésitations et des craintes, parce qu'ils ne pouvaient admettre que derrière ces aspirations à la paix et ces prédications contre la guerre ne se cachassent pas pour un certain nombre d'habiles des desseins secrets; et de là, chez d'autres, je ne sais quel dédain ou quelle pitié pour des hommes assez naïfs pour n'avoir en vue d'autre victoire que celle de leurs principes.

Je ne parle pas au hasard, croyez-le bien, Messieurs; j'ai eu entre les mains, et plus d'une fois, des preuves de l'empressement avec lequel viennent les offres de concours, lorsqu'on est supposé pouvoir servir autre chose que des idées, de l'isolement qui y succède lorsqu'il est avéré qu'on ne veut servir que des idées. (Applaudissements et marques prononcées d'approbation.) Ceux qui nous ont donné ce triste exemple d'infirmité morale ouvriront les yeux peut-être, et regretteront de ne pas être dans nos rangs ; ils y trouveront aussi bon accueil, qu'ils en soient certains, que s'ils venaient à nous pour la première fois ; et nous ne négligerons rien pour leur prouver, à eux et à tous ceux qui pourraient penser comme eux, qu'il y a des causes devant lesquelles il est glorieux d'oublier ses dissentiments et ses luttes ; et que, grâce à Dieu : « Le cœur peut réunir ceux que l'esprit divise. » (Nouveaux applaudissements.)

Nous avons eu à compter enfin, avec un troisième ordre de difficultés. Je veux parler de la tiédeur, de l'indifférence, de la timidité, du peu d'estime enfin que l'on est habitué à faire, dans notre pays, de soi-même et de ses efforts personnels. On est indifférent, parce qu'on n'a pas à un assez haut degré le respect, l'amour, le culte des grandes causes. On est timide, parce qu'on ne comprend pas assez que la foi qui n'agit pas est une foi morte, et que l'on ne se rend pas compte de ce qu'il y a de peu honorable, au fond, et pour soi et pour la société dans laquelle on vit, à ne pas oser professer tout haut les bons sentiments et les bonnes idées qu'on a dans le cœur et dans l'esprit ! On manque d'estime et de respect pour soi-même, parce qu'on ne peut se figurer qu'on est autre chose qu'un atôme emporté dans le mouvement général et qu'on a, soi comme les autres, sa part à prendre à ce grand mouvement. Que suis-je, se dit-on, et que puis-je? Humilité menteuse, et qui conduit à l'abdication et à l'anéantissement de tout devoir comme de toute espérance! Les plus grandes forces sont composées de petites forces qui concourent dans le même sens; et, comme le dit une comparaison vulgaire mais charmante, les gouttes d'eau font les ruisseaux; les ruisseaux font les rivières; et les rivières, en suivant leur pente, vont former cette vaste et irrésistible nappe d'eau qui s'appelle l'Océan. (Approbation.)

Tout cela, Messieurs, ce sont des motifs de gratitude profonde envers nos amis de la première heure; mais ce ne sera jamais, je le répète, une raison pour que nous accueillions mal les ouvriers de la dernière heure. (Applaudissements.)

Après tout, d'ailleurs, nous n'avions pas trop à nous plaindre. En dépit de l'insuffisance avec laquelle la publicité, par les raisons diverses que je viens d'indiquer, avait répondu à nos premiers appels; en dépit des difficultés de toute sorte provenant de nos débuts mêmes et de notre inexpérience; nous avions rapidement rencontré, dans tous les pays, des adhésions et un concours énergiques et dévoués. Des journaux anglais, américains, suisses, belges, espagnols, et jusqu'à des journaux de Suède et de Danemark, s'étaient mis résolûment au service de l'idée que nous soutenions et nous avaient promis de nous donner le plus persévérant et le plus ferme appui. Ils ont presque tous tenu plus qu'ils n'avaient promis.

La *Société d'économie politique de Vienne,* si considérable par son but comme par le caractère et la position de ses membres, se joignait chaleureusement à cette approbation.

Une autre société, née en France avant la nôtre, et qui comptait déjà, il y a un an, plusieurs milliers d'adhérents, qui en compte, si je ne me trompe, plus de 7,000 aujourd'hui, — l'*Union de la paix du Havre,* dont nous devons avoir ici, quoique je ne les voie pas à leur place sur cette estrade, plusieurs représentants, et dont nous n'avons cessé de considérer les progrès comme les nôtres, de même qu'elle considère, nous le savons, nos progrès comme les siens, parce que c'est vraiment, et sans rivalité, la même cause que nous servons; — l'*Union de la paix* poursuivait de son côté ses conquêtes pacifiques, et les poursuivait résolûment.

Diverses sociétés anglaises — (nous avons ici d'honorables représentants de la plus importante, la *Société de la paix de Londres*) — ne cessaient de leur côté de nous féliciter, de nous soutenir, de nous conforter de leur exemple, de leurs longues années de luttes, de travaux et de succès.

En même temps nous arrivaient de l'autre côté de l'Atlantique, des sociétés américaines de la paix, de la *Société universelle de la paix* surtout, des exhortations conçues en termes énergiques, chaleureux, ardents, qui, à elles seules, auraient suffi pour nous faire persévérer, si nous avions pu hésiter un instant. Quelques-unes de ces lettres ont été déjà publiées : d'autres le seront encore, et elles sont bien dignes de l'être. On y admirera cette foi sans bornes dans la puissance de la volonté humaine sincèrement appliquée au bien. On y remarquera surtout, nous le croyons, cette vivifiante communication des idées qui, à travers la distance, relie les unes aux autres les âmes touchées des mêmes désirs et animées des mêmes aspirations. « Vous étiez parmi nous, le 15 mai, à notre grande assemblée générale à New-York, » nous écrivaient ces jours derniers le Président M. Love et le secrétaire M. le Dr Child ; « vous étiez parmi nous et nous serons parmi vous dans votre première assemblée. Les flots sont profonds et orageux, mais la pensée les traverse en dépit de tout, et rien n'arrête le courant électrique de la fraternité et de l'amour. » (Vive appprobation.)

Je regrette, Messieurs, de ne pouvoir mettre sous vos yeux tous ces témoignages Quelques-uns ont été reproduits déjà dans nos *Bulletins ;* d'autres seront annexés, en partie au moins, au compte-rendu de cette séance : vous en apprécierez le caractère.

Mais, même en passant bien vite sur tout cela, je serai, je le crains bien, contraint de vous retenir trop longtemps ; il faut donc que vous me permettiez d'indiquer seulement ce que je ne puis exposer en détail.

Le premier *Bulletin*, qui a paru vers la fin d'août, ou le commencement de septembre, contenait déjà la preuve de sérieux progrès. Il indiquait nos premiers adhérents, parmi lesquels il s'en trouvait qui, pleins de foi et de *résolution*, n'hésitaient pas à prélever sur de modiques appointements d'employé, par de persévérantes économies, de quoi arriver, disaient-ils (et ils y sont arrivés), « au titre envié de fondateur. » Il contenait l'adhésion importante de *la Société industrielle de Rheims*, la première adhésion collective qui nous ait été donnée, celle de *la Société de Saint-Nicolas en Belgique* et de beaucoup d'autres sociétés, à côté desquelles se lisaient des noms comme ceux des Burritt, des Mill, ou des Brewster.

Tout marchait donc à souhait, et nous avions lieu d'espérer que nous avions franchi nos premières étapes.

A ce moment, précisément, nous rencontrâmes, je ne sais si je dois dire une difficulté, mais un temps d'arrêt, qui, momentanément au moins, ralentit le succès de nos naissants efforts. Je ne crois pas possible de passer complétement sous silence le fait auquel je fais allusion : je le mentionnerai, je l'espère, avec la convenance et la modération que vous êtes en droit d'attendre de nous.

Vers le mois de septembre, ai-je dit, Messieurs, l'attention qui commençait à se porter vers notre œuvre fut détournée vers un théâtre plus en vue, et où la mise en scène était plus éclatante que celle que nous avions pu jusqu'alors songer à donner à nos efforts. Je ne jugerai pas, je ne discuterai pas même le *Congrès de Genève*. Je n'y suis pas allé ; aucun de nos collègues, que je sache, n'y est allé ; et je sais des hommes fort honorables, animés assurément des intentions les plus pures, qui non-seulement y sont allés, mais dont quelques-uns ont persisté à suivre jusqu'au bout les travaux de cette assemblée. — Je me garderai donc de toute parole qui pourrait ressembler à une condamnation de ce que je ne connais pas assez. Je me bornerai à répéter que l'attention publique fut distraite de nous, qui ne faisions pas, à beaucoup près, on nous l'accordera, autant de bruit. J'ajouterai que l'on ne sut plus bien, au milieu de ce bruit, où prendre les amis de la paix et la catégorie d'amis de la paix avec lesquels on était ou l'on voulait se mettre en communauté de sentiments et d'action. Je dirai, enfin, que peut-être faut-il chercher en partie dans cette incertitude les causes de l'ajournement de cette réunion plus grande, plus nombreuse, plus importante que celle-ci, que nous avions, vers la fin de l'Exposition universelle, résolu de tenir à Paris ; dont le Champ-de-Mars même, dans notre pensée, devait être le théâtre ; et qui, en face des produits rassemblés du travail pacifique de toutes les nations, aurait proclamé à la face du monde la seule conclusion logique de ce grand enseignement de paix et de travail qui se tenait là depuis plusieurs mois. (Applaudissements.)

Je n'en dirai pas davantage ; vous avez eu à cette époque notre circulaire, et nous vous y renvoyons (1). J'ajouterai seulement qu'il n'est peut-être pas bien certain qu'à cette heure même toute espèce de confusion ait encore disparu ; qu'il est, par conséquent, de notre devoir (comme il est du devoir de ceux qui croient bon de poursuivre leur idéal pacifique par des voies plus ou moins différentes des nôtres) de ne laisser subsister aucune espèce d'obscurité sur les idées, sur les moyens, sur les désirs et sur les craintes des uns et des autres : non pas, encore une fois, afin de nous jeter mutuellement la pierre, mais afin de ne tromper personne; afin que les sympathies, et les répugnances aussi, s'il y en a, aillent où elles doivent aller et ne restent pas exposées à s'égarer en route. (Très-bien! Très-bien! — Marques nombreuses d'assentiment.)

Quoi qu'il en soit, la persévérance porte toujours ses fruits, et bientôt nous recommençâmes à recueillir les fruits de la nôtre. Le nombre et l'importance des adhésions s'accrurent de nouveau. Nous avions, par des circulaires spéciales, essayé de faire appel aux hommes connus depuis longtemps dans le monde par leur zèle et par leurs efforts pour la cause de la paix. Nous reçûmes, de beaucoup d'entre eux, des réponses touchantes. Je ne puis évidemment mettre sous vos yeux ces réponses. Je

(1) V. la Circulaire du 1er octobre 1867.

mentionnerai seulement la lettre d'un des plus anciens ouvriers de la paix en Amérique, de M. Blanchard, âgé de 85 ans, qui m'écrivait, tout ému encore de ce qu'on eût su, à travers la distance, découvrir son nom pour lui faire parvenir au-delà de l'Atlantique, un souvenir des efforts qu'il avait faits avant nous dans la voie où nous essayons de marcher après lui. Cette lettre, écrite d'une main de vieillard, mais de ce cœur toujours jeune qui est la marque et la récompense d'une vie dévouée au bien, est l'une de celles qui nous ont le plus sérieusement touchés et soutenus.

Beaucoup d'hommes illustres, de différents pays, venaient en même temps à nous de plus en plus chaque jour.

Nous fîmes également un appel spécial à la moitié du genre humain qui devrait, selon certaines personnes, se tenir absolument à l'écart de tout ce qui ressemble à une manifestation extérieure de sentiments; qui doit au contraire, par la tendresse de son cœur, être plus vivement portée vers nos idées, et qui a, ce nous semble, plus que l'autre encore peut-être, le droit d'avoir en cette matière son opinion et de la donner, puisque ce sont ses plus chers intérêts qui sont en cause; puisque ce sont ses larmes qui coulent lorsque coule notre sang; puisque ce sont ses frères, ses maris, ses enfants, qui son livrés en pâture à l'insatiable démon de la guerre. Nous fîmes un appel spécial aux femmes, et beaucoup y répondirent. (Bravos prolongés.)

C'est un bon exemple dont nous les remercions, et que d'autres suivront. (Nouveaux applaudissements.)

Nous ne jugeâmes pas, Messieurs, que l'interdiction d'introduire dans la discussion ce qu'on appelle l'esprit politique, — interdiction que nous avions cru, vous le savez, devoir nous imposer dès le début, — fût une raison de ne pas nous adresser à toutes les femmes, en tant que femmes, et quelle que pût être d'ailleurs la hauteur de leur rang. Nous comprimes donc dans notre appel les femmes assises près des trônes ou sur le trône même; et nous eûmes la satisfaction d'en voir deux, — la reine de Prusse d'abord, et bientôt après la reine d'Angleterre, à laquelle nous avions adressé un remercîment spécial pour l'initiative prise par elle lors de la Conférence de Londres, — nous répondre en termes qui attestaient une sympathie sérieuse pour l'œuvre que nous essayons de réaliser. (Vifs applaudissements.)

Nous recevions en même temps, non pas des millions, assurément, — vous venez de voir notre modeste bilan, — mais des sommes de plus en plus nombreuses et de plus en plus considérables. C'était quelquefois d'à côté de nous, et c'était quelquefois de l'extrémité du monde, de Montévidéo, par exemple, qu'un inconnu (1) venait s'inscrire comme

(1) M. L. Richard Fors, rédacteur de la *Tribune*, et actuellement propriétaire du *Progresso*.

fondateur dans nos rangs, envoyant, avec un bon de la somme de cent francs, la promesse du concours le plus actif dans la presse où il a une action importante. C'était de la France et de l'étranger; c'était du pauvre et du riche; c'était d'anonymes et de gens qui donnaient carrément leurs noms en toutes lettres; c'était d'individus enfin et c'était de Sociétés, comme la *Société des Conférences de Mons*, comme celle de Verviers, comme le Cercle l'*Etude* de la même ville, comme le *Cercle artistique d'Anvers*, ou la *Société Franklin*, de Liége, comme l'*Union des instituteurs Belges*, ou comme d'autres que vous avez pu voir mentionnés dans notre second *Bulletin* ou qui le seront dans les suivants.

Dans ce même deuxième Bulletin se trouve une portion,— la portion que j'appellerai pacifique,— du remarquable manifeste qu'adressait l'année dernière à l'Europe l'homme le plus influent peut-être de l'Allemagne, le plus influent sur une partie notable de la société allemande tout au moins, le fondateur et le chef des sociétés ouvrières de ce pays, M. Schulze-Delitzsch. Nous signalons de nouveau ce document à l'attention de ceux qui ne l'ont pas lu. Il leur donnera, nous le croyons, des idées plus justes des prétentions et des appréhensions de nos amis d'Outre-Rhin.

Nous recevions aussi de quelques hommes parvenus déjà presqu'à la limite de la vie, d'hommes que je serais tenté de nommer les Siméons de la paix, des paroles qui ressemblent vraiment au

Nunc dimittes du vieux prophète. « Vous avez comblé, nous écrivait l'un, le vœu de toute ma vie, et j'ai plus de 80 ans. » Un autre, au souvenir des maux qu'il avait vus résulter tour à tour et de l'invasion étrangère et de ce qu'on pourrait appeler l'occupation militaire du pays par ses propres troupes (1), nous envoyait, avec des protestations analogues, toute une série de documents des plus curieux dont nous nous réservons de faire usage en temps opportun. Enfin, un vieux prêtre, retenu dans sa demeure par des infirmités qui le font, m'écrivait-il, cruellement souffrir et ne lui permettent plus guère que d'élever vers le ciel, pour la paix, ses mains impuissantes, nous adressait pareillement les encouragements les plus chaleureux et les plus pressants : il a voulu, à la veille de cette solennité, nous les renouveler dans une lettre que tout à l'heure un de mes honorables collègues aura le bonheur de vous communiquer en partie. Cette lettre contient, entre autres choses excellentes, le plus énergique appel à l'adhésion explicite et active de ceux qui, comme lui, ont pour mission propre de prêcher la justice, la concorde et la bienveillance entre les hommes ; qui, dit-il, les prêchent assurément tous les jours à leur troupeau spécial, mais

(1) Citons encore, dans une sphère différente, cette parole d'un vieux paysan, devant lequel on lisait une pétition pour la paix, et qui, de ses doigts tremblants, demandait à y mettre sa croix. « Je ne peux pas lire, disait-il ; mais je comprends bien tout de même. La guerre, je sais ce que c'est ; je l'ai faite. »

trop souvent, hélas! ne les prêchent qu'à lui, et ne comprenent pas assez le besoin d'étendre, au-delà, et bien au-delà de ce cercle restreint, l'action bienfaisante de leur pacifique apostolat. (Marques d'assentiment.)

Le même Bulletin contenait également, — ceux d'entre vous qui l'ont lu l'auront remarqué, — une pièce importante attestant que, dès ce moment, nous n'étions plus en France le seul centre actif et énergique de l'œuvre que nous poursuivions. C'est cette note, à laquelle on ne peut, ce me semble, donner un meilleur titre que celui que j'ai essayé de lui donner sur la couverture de nos publications : « *Ce que c'est que la Ligue de la Paix* ; » — cette note si claire, si substantielle, spontanément imprimée à Metz, dès le commencement de l'hiver, par des amis de la paix de cette ville ; répandue par eux, avec un zèle infatigable, dans tout l'Est de la France ; — dont un de nos plus généreux adhérents et coopérateurs de Belgique a fait distribuer à ses frais dans ce pays 10,000 exemplaires ; qu'un autre, au-delà du Rhin, après l'avoir traduite en allemand (1), fait pareillement circuler en grand nombre autour de lui ; et dont il nous revient, en ce moment même, presque tous les jours, presque par

(1) Une centaine d'exemplaires de cette traduction nous ont été remis ces jours derniers ; nous les tenons à la disposition des personnes qui seraient à même de les envoyer utilement dans d'autres régions de l'Allemagne ou de les faire circuler parmi les Allemands établis à Paris.

chaque courrier, des traductions en italien portant des adhésions (et dans le nombre même une adhésion de fondateur, avec son bon de cent francs); — sans que nous sachions encore, à l'heure qu'il est (1), quel est l'ami inconnu qui a propagé ainsi au-delà des Alpes, l'heureuse innovation de nos excellents amis de Metz (2). (Applaudissements.)

Le second *Bulletin* mentionnait un autre important succès de notre œuvre : succès que je voudrais pouvoir passer sous silence, parce qu'il m'est plus personnel, mais que je ne crois pas cependant qu'il me soit permis de laisser tout-à-fait dans l'ombre parce que, tout en attirant à notre caisse de notables ressources, il a attesté énergiquement les sympathies qu'excite de l'autre côté de la frontière l'œuvre commencée de ce côté ; parce que, de plus, il a été le premier pas dans une voie que nous aurons à suivre plus largement sans doute, celle de la prédication de nation à nation.

(1) Jusqu'à présent nos recherches pour découvrir ce coopérateur anonyme sont demeurées vaines. Nous le supplions, si ces lignes tombent sous ses yeux, de vouloir bien nous permettre de le remercier directement, et en attendant nous lui envoyons du fond du cœur l'expression de notre plus vive gratitude.

(2) Pour faciliter cette propagation au loin, ainsi que le recouvrement des souscriptions souvent embarrassant par les voies ordinaires, nous avons fait imprimer des carnets à souche que nous délivrons, contre reçu, à ceux de nos adhérents qui veulent bien se charger de cette tâche, et qui sont, après épuisement, renvoyés avec l'argent à notre trésorier.

J'ai eu, dans le cours de cet hiver, l'honneur de faire, au nom de la Ligue, et pour son compte, une courte tournée en Belgique. De ce qu'a été cette tournée, je ne dirai qu'une chose, c'est que, étranger dans ce pays, n'y ayant jusqu'alors jamais mis le pied, et n'y comptant tout au plus que quelques anciens et excellents mais rares amis, il a suffi, dans toutes les grandes villes où je suis allé, que deux ou trois jours à l'avance il fût annoncé qu'un inconnu se proposait de parler sur la paix et la guerre, pour qu'aussitôt des auditoires considérables, qui se sont élevés jusqu'à 2,000 personnes, des auditoires de toute condition et de tout rang, vinssent se presser dans des salles mises partout d'avance à ma disposition avec une libéralité qui prévenait mes désirs, et que partout les paroles prononcées en faveur de la cause que je venais défendre fussent accueillies par la plus unanime, la plus complète et la plus chaleureuse approbation. (Très bien ! Très bien ! — Applaudissements.)

Je dis la plus unanime adhésion : je n'ai pas rencontré en effet (et je ne crois pas que mon honorable collègue M. Visschers, qui était là, soit disposé à me démentir), je n'ai pas rencontré, dis-je, même parmi les hommes qui étaient alors précisément occupés à voter des soldats et des dépenses de guerre, une seule personne qui ne fût prête à dire avec moi et aussi énergiquement que moi anathème à la guerre. Ils subissaient, à tort ou à raison, je ne l'examine pas en ce moment, une nécessité ; mais ils la subissaient à contre-cœur, et en appelant de leurs vœux le jour où, à la suite des autres puissances plus grandes dont les égarements l'entraînent, la Belgique pourrait se montrer plus sage et rendre au travail ses bras et ses ressources. (Approbation.)

Je suis convaincu, Messieurs, ou plutôt j'en suis certain, que dans tout autre pays il en serait ou il en sera de même. Je sais, pour en avoir fait l'expérience en France avant de l'aller faire en Belgique, qu'en France comme ailleurs, et plus qu'ailleurs peut-être, la raison publique est susceptible de s'enflammer pour la justice et pour la paix. Je sais, et c'est l'une de mes plus douces consolations, que lorsqu'on y aborde franchement, sans parti pris, sans animosité, sans passion autre que la passion sincère du bien public, ces grands sujets qui suivant quelques personnes sont si fatalement dangereux et brûlants, on peut compter hardiment sur la plus vive et la plus cordiale adhésion ; qu'on ne soulève en réalité que d'honnêtes et de généreuses ardeurs; et que, bien loin de semer entre les hommes la division, l'irritation et la violence, on les apaise, au contraire, en les unissant dans ce qu'il y a de meilleur au monde, dans le sentiment et dans l'amour commun des grandes causes, dans de bonnes idées, dans de bons désirs, dans de bonnes aspirations ressenties et manifestées ensemble.

Telle a été du moins la satisfaction que j'ai éprouvée lorsqu'il y a précisément un an, devant un auditoire où se trouvait un certain nombre d'entre vous, il m'a été donné de faire sur ce sujet même, en France, à Paris, cette petite *Conférence* que la plupart de ceux qui m'écoutent en ce moment ont pu connaître, grâce à la généreuse initiative de l'un de nos collègues qui a voulu qu'elle fût répandue en grand nombre, et qui, à cet effet, l'a fait imprimer à ses frais dans des conditions qui permettent de la donner à un prix abordable absolument à toutes les bourses (1). (Approbation.)

Oui, Messieurs, oui, dans tous les pays le sentiment qui domine, et qui domine de plus en plus, c'est le respect mutuel ; c'est le besoin de faire soi-même librement ses affaires sans se mêler, selon la vieille politique, de celles des autres ; et si l'heure ne me pressait, il me serait facile de vous montrer, par la lecture de lettres qui m'arrivent en foule précisément au dernier instant, que ce sentiment est aussi vif et aussi général d'un côté du Rhin que de l'autre. Nos amis, — je crois pouvoir leur donner franchement ce nom sans craindre qu'ils le répudient, — nos amis de l'autre côté du Rhin sont peut-être, cela est vrai, un peu plus réservés, ou un peu plus hésitants que nous en ce moment; ils ne l'étaient pas cependant il y a un an lorsqu'ils croyaient, comme nous, que sans une énergique explosion de l'opinion la lutte allait éclater entre leur patrie et la nôtre, pour un tas de pierres. Les Allemands, dis-je, ont peut-être un peu

(1) Conférence sur *la Paix et la Guerre*, faite à l'Ecole de Médecine de Paris, le 21 mai 1867. Cette conférence se vend, en librairie, et au secrétariat, 0 fr. 15 c.

plus de peine que nous à affirmer actuellement en public leurs bonnes dispositions et leurs sentiments pacifiques; mais pourquoi, Messieurs? Parce qu'ils se méprennent sur les dispositions véritables de la France; parce que, d'un côté comme de l'autre de la frontière, il y a des gens auxquels il en coûte de s'avouer raisonnables. Et pourquoi encore? Par vanité blessée, par orgueil mal placé, par souvenir trop naturel, hélas! des amertumes du passé. On est désireux de se serrer la main, mais on se demande qui le premier allongera le bras pour l'offrir. On affirme, et on affirme nettement, carrément, qu'il n'y a pas, quoi qu'on en ait pu dire, un homme sérieux en Allemagne qui songe à enlever à la France une ville ou un village; pas un homme, un homme sérieux, qui rêve au profit de l'Allemagne l'abaissement du reste de l'Europe, et songe à imposer à une nation quelconque, grande ou petite, sa suprématie et sa prééminence. On déclare qu'il n'y a pas, sur la surface du globe, une nation qui, autant ou plus que l'Allemagne, déteste la guerre pour avoir par expérience appris ce qu'elle coûte; pas une qui autant qu'elle désire et honore la paix, la paix sans laquelle il n'y a ni progrès, ni liberté. Mais en même temps on se figure que cette suprématie,—à laquelle on ne prétend pas,—d'autres malheureusement n'ont pas cessé d'y prétendre; et qu'il y a là un danger sur lequel on ne peut sans imprévoyance fermer les yeux. On se figure que la France, pour l'appeler par son nom, se considère toujours comme ayant pour vocation spéciale l'empire du monde; et que, non contente d'être grande, forte, riche, respectée, inattaquable chez elle et inattaquée, elle entend être, selon la vieille langue de nos pères, à la tête de l'Europe, y exercer une influence dominante, en régler l'équilibre de façon à rester toujours prépondérante à l'égard de toute nation. Et de ceci, il faut bien le dire, l'Allemagne s'inquiète : elle est jalouse, très-jalouse de se savoir traitée comme une grande nation, comme une nation de premier ordre. Elle ne veut pas être regardée de haut en bas par qui que ce soit. Elle ne demande pas autre chose que sa place au soleil; mais elle veut sa place au soleil, et ne peut se résigner à se voir, dans des articles de journaux ou ailleurs, signifier des injonctions au nom de je ne sais quelle infériorité traditionnelle, qui donnerait à d'autres un droit d'ingérence dans ses affaires intérieures. (Applaudissements.)

Voilà, Messieurs, ce que disent nos correspondants, et ce ne sont pas les premiers venus (1). Ont-ils tort, ont-ils raison ? Ou plutôt n'avons-nous pas tous un peu tort, et tous un peu raison? Ecoutez à ce propos un fait que me signalait hier mon honorable collègue M. Visschers : le *Moniteur Belge*, me disait-il, dans un article tout récent (il est du 5 juin) a cru devoir mettre en regard ce qui se dit de plus fort en Allemagne contre la France et ce qui se dit pareillement

(1) Voir à l'*Appendice*.

de plus fort en France contre l'Allemagne. Il s'est trouvé que la balance est fort égale ; de part et d'autre, il y a une colonne et demie de titres de publications, de brochures et de déclarations plus ou moins injurieuses, plus ou moins amères et menaçantes, qui s'échangent, ou qui ne s'échangent pas, à travers la frontière. Les torts, vous le voyez, sont compensés, et nous sommes à deux de jeu.

Franchement, est-ce que c'est là une attitude digne de deux grands peuples? Est-ce que deux grands peuples, maîtres chez eux,— et quoi qu'ils en disent, invincibles chez eux,— doivent se laisser aller à tous ces entraînements de la mauvaise humeur, de la rancune, de la vanité ou de la panique? Est-ce qu'ils seront toujours comme des enfans, à la merci du faux point d'honneur, si peu d'accord, hélas! avec le véritable honneur? Est-ce qu'il dépendra éternellement de je ne sais quels brouillons, de je ne sais quels fanfarons, amateurs de coups qu'ils ne reçoivent pas et de déjeuners qu'ils reçoivent très-bien, de dire à leur gré à des hommes qui s'estiment et qui s'aiment, à des hommes qui sont au fond les meilleurs amis du monde, mais qui, je ne sais dans quel moment fatal, ont eu le malheur d'échanger un mot plus ou moins à propos, ou de croire qu'ils se regardaient de travers : « L'honneur veut que vous alliez sur le terrain. Vous vous aimerez, vous vous estimerez, vous vous embrasserez après ; et nous boirons à votre santé : mais commencez par vous casser une côte ou deux, sinon la tête? » (Mouvement). Je dis que ce n'est pas là l'attitude d'hommes sérieux ni de peuples sérieux; je dis que ce n'est là ni le vrai patriotisme, ni le vrai courage! Le vrai patriotisme et le vrai courage consistent à vouloir son pays grand, respecté, prospère, et non pas à vouloir humilier, rabaisser, appauvrir le pays des autres (Vifs applaudissements). Le vrai patriotisme et la vraie sagesse consistent à s'aider, non à se craindre; à échanger, comme on vous le disait tout à l'heure, les idées, les ressources, les produits de la science et de l'industrie, non à semer les uns chez les autres la désolation et la haine. Ils consistent à faire ensemble, grâce aux ailes de la vapeur et de l'électricité, la conquête pacifique et bienfaisante du monde, et à ne former désormais, pour cette conquête qui demande les efforts de tous, qu'une seule armée, une seule famille et un seul atelier. Eh! quoi, lorsque, franchissant la frontière, nous pénétrons individuellement les uns chez les autres, nous trouvons partout bon accueil; partout le foyer nous est ouvert, les bras nous sont tendus; partout des liens d'affection, d'étude, de famille, se nouent et se serrent au point qu'il n'y a plus pour ainsi dire une maison de commerce, une institution savante ou une famille qui puisse se dire d'une seule race et d'un seul pays! Et ces hommes, si bienveillants quand ils s'abordent un à un, seraient fatalement aussi malveillants qu'on veut le leur dire lorsqu'ils se prennent en masse! (Applaudissements.) C'est une calomnie, c'est un mensonge ; et ils n'attendent qu'une occasion pour le prouver! Mais il faut donner le signal et l'exemple, direz-vous. Eh bien, que le plus sage, le plus hardi, le plus généreux les donne : soyez-en sûrs, ce sera pour lui tout honneur et tout profit. (Marques d'assentiment.)

Messieurs, cette réforme que nous appelons de tous nos vœux, nous ne sommes pas, vous le savez, les seuls à l'appeler. Nous ne sommes pas les seuls, nous ne sommes pas les premiers même, qui nous soyons élevés contre cette émulation dangereuse d'armements et de dépenses guerrières qui accable le monde. Elle a été dénoncée souvent, et par les hommes d'État tout autant que par nous. Les bouches officielles, les voix les plus hautes et les plus puissantes, des deux côtés du Rhin et en France notamment, ont demandé jusqu'à quand « la rivalité jalouse des grandes puissances empêcherait le progrès de la civilisation ; » jusqu'à quand l'on s'obstinerait à « entretenir de mutuelles défiances par des armements excessifs ; » jusqu'à quand enfin « les ressources les plus précieuses s'épuiseraient dans une vaine ostentation de forces. » Si, après tant de déclarations solennelles, le mal dure encore, c'est qu'il n'est pas facile à extirper sans doute; et nous n'avons pas, assurément, la prétention de le guérir en un jour. Nous n'y pouvons évidemment, nous individus, nous êtres collectifs, unis dans de mêmes sentiments et de mêmes idées, qu'une seule chose ; mais nous pouvons une chose : nous pouvons préparer l'opinion. Nous pouvons hâter le jour où (comme l'indiquait tout à l'heure l'assentiment qui accueillait mes paroles) nous serons tous, à quelque nationalité que nous appartenions, profondément convaincus qu'il faut mettre une bonne fois de côté ces vieilles traditions de haine qui sont comme la vendetta des nations, et noyer franchement dans le bien que nous pouvons nous faire, le souvenir du mal que nous nous sommes fait. C'est l'opinion qui, jusqu'à ce siècle, a mené la hallebarde ; c'est l'opinion qui, lorsqu'elle le voudra, mettra la hallebarde en disponibilité. Il nous semble qu'elle est en train de commencer à le vouloir. (Vif mouvement d'adhésion.)

Ici encore nous rencontrons de puissants secours, et la liste serait longue des adhésions, des manifestations importantes que j'aurais à mettre sous vos yeux. C'est M. Moynier, président de la *Société genevoise d'utilité publique*, et président du Comité international de secours pour les militaires blessés, et le docteur Appia, son digne émule, qui nous adressent, en s'associant énergiquement à notre œuvre, leur beau rapport sur *la guerre et la charité*: bien convaincus, disent-ils, que mieux secourir les blessés ou se préparer à les mieux secourir, c'est, en allant au plus pressé, préparer un nouveau et plus décisif progrès de la pitié parmi les hommes ; hâter le jour où, révolté des souffrances des blessés, on ne fera plus de blessés pour ne plus avoir à en secourir. (Applaudissements.)

Ce sont plusieurs chambres de commerce et surtout un grand nombre de membres des chambres de commerce, hésitant parfois à envoyer une adhésion collective, mais empressés à envoyer leurs adhésions individuelles. Ce sont des médecins, ces hommes qui savent ce qu'est la vie humaine et ce qu'elle vaut, qui savent ce qu'est la souffrance, et surtout la souffrance du blessé, du mutilé sur le champ de bataille. Ce sont des ouvriers (il y en a ici en bon nombre), ou de pauvres paysans dont les fils peut-être sont morts de maladie ou de chagrin sur quelque plage lointaine. C'est un médecin de campagne qui nous écrit, avant-hier, qu'il s'inscrit comme sociétaire de notre œuvre et que douze vignerons de son village s'inscrivent avec lui pour un sou par mois. (Vifs applaudissements.)

Ce sont enfin les militaires eux-mêmes qui, sans renier, bien s'en faut, la gloire et l'honneur qu'il y a à sacrifier sa vie, quand il le faut, pour la défense de son pays, savent eux aussi, mieux que personne, ce qu'amène de souffrances, de misères, de violences, la guerre inutile, la guerre évitable, la guerre de fantaisie et de caprice; et commencent à éprouver plus généralement qu'autrefois ce sentiment que laissait apercevoir un jour, à la tribune de la Chambre des Députés, l'un des plus glorieux vétérans de nos anciennes armées, le maréchal Soult. Ayant eu, dans une discussion, à rappeler les terribles péripéties des siéges d'Oporto et de Gènes, la Chambre, à sa grande surprise, vit tout-à-coup le vieux guerrier se troubler et s'interrompre en prononçant ces paroles significatives : « *Ma pensée s'arrête devant ces tristes souvenirs !* » -- Il y a aujourd'hui, Messieurs, en grand nombre, en très-grand nombre (et nous en comptons dans notre œuvre), des hommes qui ont fait la guerre, et qui l'ont bien faite, dont la pensée ne s'arrête pas seulement devant de tristes souvenirs, mais devant de tristes pressentiments ; dont la prévoyance s'éveille et s'alarme devant les catastrophes, plus effroyables que jamais, qui accompagneraient la guerre si elle venait à se renouveler. Ceux-là même dont le courage personnel est le plus hautement reconnu n'hésitent pas à dire, aux applaudissements unanimes des hommes de cœur, que « le spectacle de ces destructions et de ces souffrances est navrant pour les hommes de guerre qui ont quelque hauteur d'âme. *Ils s'étonnent que la civilisation moderne, qui est si fière d'avoir remplacé partout la force, dans les transactions individuelles, par des principes et par la loi, en soit encore à régler le contentieux international par le déchaînement des fléaux de la guerre.* » Et après avoir déclaré, à l'adresse des fanfarons de l'uniforme, « qu'en général, dans les armées, les hommes qui racontent incessamment la guerre, qui l'exaltent et l'appellent bruyamment de leurs vœux, la font peu, ou la font mal, ou quelquefois ne la font pas du tout ; » ils ajoutent, à l'adresse de ces autres fanfarons de cabinet, toujours prêts à pousser leurs semblables dans des périls dont ils n'ont rien à redouter pour eux-mêmes, que « leur esprit se remplit de dédain pour ces hommes de salon qui la souhaitent et qui la célèbrent, dans un langage de convention où se révèlent leur vanité, leur ignorance, leur ambition et leurs prétentions (1). » (Mouvement.)

J'abrége, Messieurs, j'abrége de plus en plus ; car vous avez après moi plusieurs orateurs à entendre, et je ne voudrais pas fatiguer à l'avance votre attention. J'arrive donc, en sautant à deux pieds par-dessus quelques-uns des points que j'avais projeté de toucher devant vous, à ce que nous avons fait dans ces derniers temps surtout pour répandre nos idées, pour faire prédominer l'esprit de sagesse et de conciliation, pour mieux faire comprendre les maux de la guerre et les biens de la paix : de la guerre que l'on déteste et de la paix que l'on aime, mais que l'on déteste et que l'on aime, même les plus zélés, un peu vaguement encore, sans se rendre suffisamment compte et sans pouvoir suffisamment rendre compte aux autres de ce qu'est la guerre et de ce qu'est la paix ; de ce qu'elle serait, veux-je dire, si une fois la paix, la paix solide et durable, et non une halte fiévreuse dans la lutte, était sérieusement donnée au monde.

(1) *L'Armée Française en 1867*, p. 234.

Ce qui manque aux hommes en général, et ce qui manque aux raisons aussi, c'est l'union, c'est le groupement qui les soutient et les fait valoir en en formant un ensemble et un tout. Pénétrés de cette pensée, nous avons cru que, pour répandre plus sûrement nos idées, nous devions avant tout essayer de les mettre pour ainsi dire en faisceaux, sous forme de petits volumes d'un prix abordable à tout le monde, d'un format commode, bien faits, ne contenant que des informations puisées à bonne source et des considérations sérieuses et honnêtes.

Il nous a semblé qu'on pouvait réunir ainsi à peu près tout ce qui existe de documents historiques, matériels, moraux, sur la question de la guerre et sur la question de la paix, et qu'il y avait là la matière d'une collection importante. Nous avons appelé cette collection *la Bibliothèque de la paix*.

Le premier volume, que plusieurs d'entre vous ont certainement entre les mains, s'appelle *les Guerres contemporaines*. On y faisait allusion tout à l'heure en rappelant que, dans l'espace de moins de 15 années, le monde a dépensé pour la guerre près de 50 milliards et près de deux millions d'hommes. Ce travail, que nous devons à la collaboration savante et dévouée de notre sociétaire, M. Paul Leroy-Beaulieu, contient la plus écrasante des accusations contre la guerre. Je dis *contre la guerre !* Je ne dis pas contre telle ou telle nation, contre tel ou tel gouvernement ; car ce n'est pas à tel pays ou à telles institutions, c'est à l'esprit de guerre, à l'esprit de guerre sur la surface du monde, ou du moins du monde civilisé tout entier, que M. Leroy-Beaulieu a entrepris de faire le procès : le faisant d'ailleurs sans passion comme sans faiblesse, ne se servant à cet effet que de chiffres autorisés, vérifiés avec le plus grand soin, et ne mêlant aux chiffres (assez éloquents par eux-mêmes, hélas!) aucune espèce de digression étrangère. Ceux d'entre vous, Messieurs, qui n'ont pas ce livre, se le procureront aisément à la porte de cette salle ou ailleurs (1); et je crois de mon devoir de les avertir qu'ils peuvent le rencontrer, ainsi que la petite *Conférence* à laquelle il a été fait allusion tout à l'heure, dans les gares de chemins de fer. Je ne serai peut-être pas trop indiscret (car c'est servir la cause que nous voulons soutenir), en leur disant qu'ils feront bien de les y demander et de les y faire demander : c'est le moyen d'empêcher qu'ils ne soient étouffés sous la littérature de toutes couleurs qui s'étale là comme partout ailleurs. (Assentiment.)

La seconde livraison est intitulée : « *Comment on pourrait réduire l'armée tout en assurant la défense nationale.* » Nous la devons à la plume savante et exercée d'un de nos meilleurs et de nos plus fermes adhérents et fondateurs, M. le comte L. de Dreuille. Sur la brochure de M. Leroy-Beaulieu il n'y a pas

(1) A la librairie Guillaumin et au secrétariat de la Ligue.

de discussion possible, parce que l'auteur ne discute pas, il expose. La brochure de M. de Dreuille contient de la discussion, elle est dès lors discutable. Il est probable que toutes les affirmations et toutes les déductions de l'auteur ne seront pas acceptées par tout le monde; nous-mêmes, sur quelques points, nous avons eu nos réserves à faire. Ce qu'il y a de certain, c'est que c'est une œuvre sérieuse, honnête, importante, émanant d'un esprit droit et éclairé, et écrite d'un style ferme et franc. Elle mérite une attention toute spéciale, et nous sommes heureux d'avoir pu lui donner place dans notre collection.

Le point qui a inspiré plus particulièrement l'auteur est celui-ci : M. de Dreuille a été frappé de la transformation qui s'accomplit si rapidement de nos jours dans le matériel de guerre; et comme d'autres de nos adhérents et sociétaires, — comme M. Lahérard, auquel nous devons un travail sur les *Forts mobiles*, comme M. Beaudemoulin, ancien officier du génie et ingénieur en chef des ponts et chaussées, à qui nous devons les excellentes brochures « *la Guerre s'en va*, » — il a cru pouvoir conclure que le résultat naturel de ces grandes modifications de l'armement doit être d'assurer de plus en plus l'avantage à la défense et l'infériorité à l'attaque. C'est cette thèse qu'il examine dans son travail, avec une méthode, une clarté et une compétence vraiment remarquables.

J'ai reçu depuis d'autres communications dans le

même sens. L'une d'elles, due à M. Pinguet, est intitulée les *Armes de la paix :* elle ne tendrait à rien moins qu'à présenter la défense comme absolument assurée et l'attaque comme parfaitement impossible, grâce à la réalisation d'un armement sans valeur pour l'attaque, mais irrésistible pour la défense, qui rendrait toutes les nations, petites ou grandes, définitivement inexpugnables chez elles.

Je ne me prononce pas ; et la *Ligue de la Paix* ne se prononcera pas, je pense, sur ce qu'il y a de vrai dans ces promesses. Nous ne sommes pas ingénieurs et nous nous en tenons à notre tâche; elle est suffisante. Ce que nous pouvons dire, c'est qu'il y a, dans l'idée qui a inspiré M. de Dreuille et nos autres adhérents, quelque chose qui mérite d'être attentivement examiné. Car le but qu'ils indiquent est évidemment un but digne de tous nos efforts; et si véritablement la défense était assurée d'un avantage à peu près certain sur l'attaque, la guerre d'invasion deviendrait presqu'impossible. Chacun, étant sûr de pouvoir se défendre chez lui, ne redouterait plus son voisin ; et chacun, sentant qu'il n'y a rien à gagner à sortir de chez soi, ne songerait plus à attaquer son voisin. La guerre serait finie faute d'attaquants.

La troisième publication a paru ce matin même, et je suis heureux de pouvoir vous la présenter; elle est intitulée : *La guerre et les épidémies.* Elle nous montre un aspect de la question jusqu'à présent trop négligé. — On croit, en général, connaître tous les maux de la guerre quand on a fait avec un soin suffisant ce calcul des pertes d'hommes et des dépenses d'argent dont nous entretient M. Leroy-Beaulieu; on croit avoir tout vu, quand on a vu couler à flots l'or, la sueur et le sang, et qu'on a cherché à cuber, si je puis ainsi parler, ce que représente cet incessant écoulement de la substance humaine. Eh bien, non, on n'a même après cela qu'une très-faible idée de la guerre, et l'on ne connait qu'une très-petite partie du mal. Le venin de la guerre pénètre partout, et rien, pour ainsi dire, n'y échappe. A côté de la destruction et de la ruine matérielle, il y a l'oubli des métiers, il y a les mauvaises passions, il y a la démoralisation, il y a le mépris du travail et de ceux qui travaillent, il y a enfin la maladie elle-même, la maladie et la dépopulation qui la suit. On voit, quand on parcourt l'histoire, ce qu'on appelle des fléaux naturels, — la peste, le choléra, le typhus et le reste, — étendre leurs ravages sur le monde; et l'on se dit en gémissant que ce sont là des maux naturels en effet, des calamités inévitables et fatales. Ce sont, la plupart du temps au moins, des maux artificiels. L'histoire médicale à la main, l'un de nos sociétaires, M. E. Guilhaumon, — sans autres éléments que des mémoires présentés à la *Société des sciences médicales de Metz*, par deux de ses membres les plus justement honorés, M. le Dr Maréchal, aujourd'hui maire de Metz, et M. le Dr J. Didion, — nous prouve que la plupart du temps, c'est la guerre qui engendre les épidémies; et que la famine et la peste, ainsi qu'on l'a dit depuis longtemps, ne sont que « les lugubres suivantes de la guerre. » Il nous prouve, comme le disent en propres termes les savants médecins qui lui ont fourni ces éléments, que depuis des siècles le typhus suit inévitablement la guerre de pays en pays. Il nous montre enfin combien est vraie cette espèce de trilogie fatale inscrite, depuis longtemps aussi, au frontispice de ce qu'on appelle *la Maison du Roi*, à Bruxelles : « *A peste, fame et bello libera nos, Maria pacis.* » Ou plutôt il nous montre qu'il faut, pour être juste, retourner l'inscription, et il nous convie à proclamer avec lui, au nom de l'expérience, qu'il est temps de nous délivrer de la guerre, si nous voulons être délivrés de la famine et de la peste, ses compagnes. (Applaudissements.)

Donc, guerre à la guerre, Messieurs, guerre sans trêve et sans relâche. *Guerre à la guerre*, tel est le titre de la quatrième de nos publications, par laquelle nous avions espéré ouvrir notre collection; mais que vous n'attendrez pas maintenant, je l'espère, bien longtemps : car notre honorable collègue, M. Larrieu, l'un de nos plus zélés fondateurs, en présence de qui je prends acte de son engagement, me l'a promise pour un des jours de cette semaine. Vous trouverez là ramassé, et pour ainsi dire concentré pour l'usage de chaque jour, tout ce qui a été dit et écrit de plus fort, de plus solide ou de plus émouvant contre la guerre, par les hommes les plus divers, dans les divers pays et les divers temps. Vous verrez que nous sommes en bonne compagnie, et que nous avons nos autorités et nos précédents (1). (Sourires.)

Voilà, Messieurs, avec nos bulletins, qui ne sont point abandonnés, avec nos listes de souscription, qui continueront à vous être adressées, avec un organe plus régulier peut-être que d'ici à peu nous ne désespérons pas d'avoir dans la presse sérieuse (2) ; voilà, avec toutes les adhésions, tous les vœux, toutes les promesses de concours qui dans ces derniers jours ont afflué (à ce point que c'est tout au plus si j'en ai pu faire le dépouillement, et qu'à plus forte raison je n'oserais entreprendre de vous l'énumérer à cette heure); voilà ce que nous avons fait, ce que nous avons commencé à faire du moins, et ce que nous entendons bien faire de plus en plus, si vous voulez bien continuer à nous venir en aide, si votre sympathie, devenant quelque peu contagieuse, fait

(1) Inutile d'ajouter que nous ne nous arrêterons pas là, et que nous faisons appel au zèle des hommes de cœur disposés à contribuer à l'accroissement de cette Bibliothèque. Mais nous croyons devoir un mot d'excuse à ceux dont nous n'aurions pu, ou dont nous ne pourrions par la suite, accueillir comme nous le voudrions les travaux. Non seulement notre Bibliothèque ne doit contenir que du bon, du très-bon; mais tout ce qui y figure doit être approprié visiblement à son but. Nous pouvons donc, à notre très-grand regret, être forcés d'écarter des œuvres d'une grande valeur en elles-mêmes, mais qui ne rentreraient pas dans notre cadre.

(2) Le 1er juillet nous avons commencé dans le journal le *Temps*, la publication d'un *Bulletin de Quinzaine*.

de chacun de vous, comme il le faut en réalité, un centre d'action et de propagande.

Et après? nous diront quelques-uns de ces hommes qui font profession de ne croire qu'aux faits, comme si les idées n'étaient pas des faits, et les premiers de tous, ceux d'où sortent les autres. Et après?

Est-ce avec ces armes que vous prétendez avoir raison de ces armes matérielles qui couvrent le monde?

Est-ce devant vos arguments et vos objurgations que vous vous imaginez faire reculer les corps d'armée et hésiter la politique des cabinets? Ce n'est pas de cette monnaie, par malheur, que se paient des hommes pratiques! C'est très-beau, si vous voulez, tout cela; mais c'est trop beau. C'est de l'utopie! C'est de la vaine sentimentalité. Ce sont de belles paroles, comme depuis longtemps il s'en débite et il s'en perd à travers le monde.

Nous connaissons cette objection, Messieurs; et nous n'avons qu'une chose à y répondre, ou pour mieux dire à répéter: c'est que les personnes qui la font ne se rendent pas un compte suffisamment exact de ce que nous sommes et de ce que nous voulons être, de ce que nous espérons et de ce que nous faisons: c'est qu'elles ne comprennent pas bien quelle est l'ambition qui nous anime. Notre ambition, Messieurs, elle n'est pas, redisons-le, de changer du jour au lendemain la face du globe et de faire, à notre voix, tomber aussitôt les armes des mains des combattants. Elle n'est pas de nous attaquer directement à telle guerre ou à telle mesure de guerre, encore bien, probablement, que l'influence de ce que nous disons, malgré notre faiblesse, puisse n'y pas être toujours indifférente : non. Notre ambition est à la fois et plus modeste et plus haute ; elle est, je le répète, de nous attaquer à la source du mal, à l'esprit mauvais, d'où sort inévitablement la guerre, à cet esprit de jalousie, de haine, de prépondérance, de rivalité malsaine ; elle est de dépopulariser la guerre et de populariser la paix. Quand la guerre sera dépopularisée et quand la paix sera devenue populaire ; quand nulle part on ne trouvera plus l'homme de ce côté de la frontière disposé à considérer l'homme de l'autre côté comme un ennemi ; quand ils se regarderont mutuellement comme deux frères, et le diront... alors est-ce que la guerre sera toujours à redouter ? Est-ce qu'elle sera possible ? Sera-t-il permis seulement d'y songer ? Alors seulement pourtant, comme nous l'écrit un de nos souscripteurs anglais, M. Dornbusch, alors seulement nous mériterons le nom de civilisés ; jusque là c'est assez de nous appeler des demi-barbares.

Voilà ce que nous voulons faire, Messieurs, non pas en un jour, encore une fois, mais peu à peu ; aussi vite qu'il nous sera possible, et aussi lentement qu'il sera nécessaire.

Les grandes œuvres, nous le savons bien, ne s'improvisent pas plus que les grands arbres : mais est-ce une raison pour ne jamais commencer de grandes œuvres et semer ces germes qui deviendront de grands arbres avec le temps? Utopie, disent les gens qui se croient pratiques: nous connaissons ce refrain. Utopie, a-t-on dit à ceux qui voulaient abolir l'esclavage; utopie à ceux qui voulaient abolir la torture; utopie à ceux qui voulaient faire prévaloir l'égalité devant l'impôt ou la régularité dans la procédure; utopie à ceux qui réclamaient la liberté sacrée du travail, ou celle plus sacrée encore de la conscience humaine. Toutes ces utopies se sont réalisées, ce semble; et nous avons peine à comprendre qu'il ait fallu tant d'efforts pour ouvrir les yeux de l'humanité à ce qui nous paraît l'évidence. Le progrès est-il plus impossible, ou pour mieux dire est-il moins visible, moins éclatant, dans l'ordre des choses de la guerre et des luttes des hommes les uns avec les autres? Est-ce que vous ne voyez pas la guerre, la lutte, la violence, depuis le commencement du monde, reculer et reculer toujours? Que ceux qui en douteraient encore écoutent ces quelques lignes, dans lesquelles se trouve résumé brièvement ce mouvement de l'histoire; c'est par elles que je terminerai, ou du moins c'est sur elles que je conclurai :

« Plus le monde se perfectionne, plus les barrières » qui divisent les hommes s'élargissent, plus il y a » de pays que les mêmes intérêts tendent à réu- » nir... Plus la civilisation a fait de progrès, et plus » cette transformation s'est opérée sur une grande

» échelle. On se battait d'abord de porte à porte, de » colline à colline ; puis l'esprit de conquête et l'es» prit de défense ont formé des villes, des pro» vinces, des États ; et, un danger commun ayant » réuni une grande partie de ces fractions territo» riales, les nations se formèrent. Alors, l'intérêt na» tional embrassant tous les intérêts locaux et pro» vinciaux, on ne se battit plus que de peuple à » peuple ; et chaque peuple à son tour s'est promené » triomphant sur le territoire de son voisin lorsqu'il » a eu un grand homme à sa tête et une grande » cause derrière lui. La commune, la ville, la pro» vince, ont donc l'une après l'autre agrandi leur » sphère sociale et reculé les limites du cercle » *au-delà duquel existe l'état de nature.* CETTE TRANS» FORMATION S'EST ARRÊTÉE A LA FRONTIÈRE DE » CHAQUE PAYS, ET C'EST ENCORE LA FORCE, ET » NON LE DROIT, QUI DÉCIDE DU SORT DES PEU» PLES. »

Celui qui a écrit ces lignes, Messieurs, c'est celui-là même qui, on vous le rappelait tout-à-l'heure, a proposé solennellement au monde, en 1863, sous le nom de *Congrès de la Paix*, le recours à l'arbitrage européen ; ce recours qui n'a pas paru acceptable alors, mais dont bientôt après on s'est souvenu, là même où il avait paru trouver le moins d'accueil, pour le faire prévaloir sous le titre de *Conférence de Londres*.

Eh bien, Messieurs, le but indiqué dans ces lignes n'est pas autre en vérité que celui que nous poursuivons. Nous ne disons pas et nous ne voulons pas autre chose. Nous ne voulons rien violenter, rien bouleverser, rien transfigurer; mais nous voulons que cette transformation qui s'est opérée, et qui continue à s'opérer sous nos yeux, s'accomplisse de plus en plus et de plus en plus vite. Nous voulons, — aujourd'hui que le monde civilisé forme un seul et même corps, un réseau vivant qui ne peut plus, sous aucun prétexte et sur aucun point, être déchiré sans douleur et sans dommage pour l'ensemble,— faire reculer jusqu'aux bornes de ce monde civilisé, et plus tard repousser jusque dans le monde barbare et sauvage, à mesure que ce monde barbare se civilisera lui-même, le cercle au-delà duquel règne encore malheureusement l'*état de nature*. Nous voulons que, sous la pression de l'opinion, par l'arrêt du suffrage du monde entier, et, grâce à la prépondérance décisive des sentiments humains et pacifiques, ce soit enfin *le droit et non plus la force qui décide*, non pas seulement du sort des individus et des villes, *mais du sort des nations*. Voilà toute notre ambition!

Vous nous connaissez maintenant : vous connaissez tous, du moins je l'espère, l'esprit de notre œuvre ; et vous connaissez aussi en grande partie, en substance au moins, ce que nous avons fait pour nous conformer à cet esprit. Nous n'avons plus qu'une chose à vous dire, c'est que si vous approuvez notre but et nos efforts, si vous ne jugez pas que nous soyons restés trop au-dessous de la confiance que nous avons cru pouvoir vous demander, nous continuerons à nous inspirer du même esprit et à marcher dans la même voie. Nous sommes parvenus à faire quelque chose dans cette première année, nous essaierons de faire davantage encore dans une seconde. Et qui sait? Le monde oscille entre le vieil esprit de haine et de violence et l'esprit nouveau de concorde et d'amour. Peut-être ne faut-il, pour décider du présent et de l'avenir, qu'une impulsion dernière, et n'est-il pas un de nous qui ne soit, à la lettre, à cette heure même, responsable du sort de son pays et du sort de l'humanité! (Bravos et applaudissements répétés.)

Un des assistants, se levant : Je demande à présenter une observation.

L'orateur qui vient de parler a dit : Je fais appel à la bonne volonté et au concours de chacun. Me sera-t-il permis, Monsieur le Président, de dire à quelles conditions plusieurs de mes amis ici présents, et moi-même, entendons donner notre concours et notre bonne volonté? (Rumeurs et interruptions.)

Il me semble, Messieurs, qu'en vertu même des principes de la *Ligue de la Paix*, vous devez vouloir que tous les concours se donnent. Je demande donc à indiquer à quelles conditions nous donnerions le nôtre... (Nouvelles interruptions.) Quant à moi, je refuse mon concours jusqu'à présent, parce qu'il me semble qu'on ne s'est pas élevé à une haute question de moralité... (Bruit.)

Sur un grand nombre de bancs. L'ordre du jour! l'ordre du jour!

M. LE PRÉSIDENT. Nous ne pouvons pas sortir du programme qui a été tracé pour cette Assemblée. Si vous avez des communications à faire, je vous engage à les adresser au secrétariat général de la *Ligue de la Paix* : elles y seront reçues et examinées.

Voix nombreuses. Très-bien! très-bien! — L'ordre du jour! l'ordre du jour!

Le même assistant. J'insiste pour obtenir la parole... (Non! non! — Assez! assez! — L'ordre du jour!)

M. LE PRÉSIDENT. Il m'est impossible de vous la donner; je vous prie de vous conformer à ce que je viens d'avoir l'honneur de vous dire. (Approbation. — L'ordre du jour! l'ordre du jour!)

(Quelques personnes, accompagnant celle qui a demandé la parole, se lèvent et sortent de la salle.)

M. LE PRÉSIDENT. Je dois faire connaître à l'Assemblée que M. Michel Chevalier, sénateur, membre de l'Institut, l'un des Vice-Présidents de la *Ligue de la Paix*, qui devait prendre la parole en ce moment, est indisposé. Il nous écrit qu'il est de cœur et d'esprit avec nous, et qu'il regrette vivement d'être dans l'impossibilité d'assister à cette séance.

Je donne maintenant la parole à M. Auguste Visschers, membre du *Conseil des Mines de Belgique*, président du *Congrès de la Paix de Bruxelles*, en 1848, l'un des vice-présidents de la *Ligue*, qui voudra bien nous entretenir des origines de la *Ligue de la Paix*.

M. Auguste Visschers s'exprime en ces termes :

Mesdames et Messieurs,

Appelé, par le vœu de votre Comité, à vous présenter un aperçu des travaux antérieurs des Amis de la Paix, je n'ai pas tardé à m'apercevoir que, même réduite aux proportions les plus exiguës, cette entreprise dépassait les limites de temps qui me sont assignées.

Comment vous faire connaître les travaux de ces hommes, si je ne vous dépeins pas leur caractère, leur foi profondément religieuse, leur dévouement à la grande cause de l'humanité, leurs efforts incessants dans les Deux-Mondes, depuis plus d'un demi-siècle que les Sociétés de la Paix se sont formées en Angleterre et aux États-Unis d'Amérique?

Si je me bornais même à vous présenter un compte-rendu très-sommaire des quatre Congrès internationaux, qui, à la suite de l'appel qui m'a été adressé par les délégués des Sociétés anglaises et américaines, se sont réunis successivement, de 1848 à 1851, à Bruxelles, à Paris, à Francfort-sur-le-Mein, à Londres, comment ne pas vous entretenir des orateurs entendus dans ces Congrès, des théories qui y ont été développées, et qui attendent encore un rapporteur éclairé et impartial?

Heureusement, Mesdames et Messieurs, vous excuserez l'homme qui est devant vous, lorsqu'il vous dira qu'aujourd'hui il a reculé devant une tâche qu'il ne se sentait pas la force d'assumer. Il a trop vécu au milieu des hommes de bien qui défendent en Angleterre la cause de la paix, pour ne pas rendre un hommage complet à leurs efforts ; il aurait eu trop à en dire s'il avait essayé de vous tracer l'origine des Sociétés de la Paix, leurs vicissitudes, leurs travaux, les nombreuses publications où sont consignées leurs doctrines. Vous m'excuserez, dis-je, lorsque je vous annoncerai que je serai très-court.

En d'autres circonstances c'eût été, pour moi, un devoir en même temps qu'un plaisir de dépeindre, entre autres, cette grande figure d'Elihu Burritt, ancien forgeron dans une petite ville des Etats-Unis, joignant l'étude au travail manuel ; quittant le tablier de cuir et le marteau pour aller, plein de foi et d'ardeur, prêcher, dans les nombreuses assemblées qu'il convoque, ses doctrines de paix et de fraternité universelles ; multipliant les publications pour en répandre la semence féconde ; passant en Angleterre et y fondant aussitôt la *Ligue de Fraternité* (*Bond of Brotherhood*); stimulant dans ce pays le zèle des Amis de la Paix ; se rendant à Paris et ensuite à Bruxelles en 1848, pour y provoquer la formation de Congrès internationaux de la Paix, et y prenant une part active. — J'eusse parlé de Joseph Sturge, de la Société religieuse des Amis, de plusieurs autres membres également distingués, tous pénétrés du même sentiment religieux, prêchant les mêmes doctrines de douceur, et s'occupant en même temps de la paix, de l'émancipation des esclaves, de l'abolition de la peine de mort. — J'eusse dû dépeindre le caractère d'éloquence de Richard Cobden et de bien d'autres orateurs anglais, américains, français, sans oublier mes compatriotes et quelques orateurs d'autres pays Cette tâche évidemment dépassait les limites d'un simple discours.

Si vous voulez bien me le permettre, je ne remonterai, dans l'historique du « mouvement en faveur de la paix, » qu'au premier Congrès international, qui se réunit à Bruxelles les 20, 21 et 22 septembre 1848. Encore ne vous parlerai-je que des quatre propositions fondamentales qui y ont été discutées et adoptées. J'espère qu'un jour la *Bibliothèque de la Paix*, cette heureuse et excellente conception de votre Comité, donnera une place, parmi ses publications, à une analyse un peu détaillée des quatre mémorables sessions du Congrès international des Amis de la Paix universelle. Les mêmes questions, avec de légers changements de forme, ont été traitées dans les quatre sessions; seulement on y a ajouté chaque fois diverses propositions accessoires. Mais, pour apprécier les doctrines des Amis de la Paix, il vous suffira de l'énoncé des quatre propositions fondamentales, adoptées par le Congrès de

Bruxelles, dont je vais avoir l'honneur de vous lire le texte. Je les ferai suivre de quelques mots de développements, qui serviront à vous montrer qu'en thèse générale les principes, les idées des Amis de la Paix, sont puisés dans la nature même des choses, dans les conditions de la vie humaine et de celle des peuples, enfin qu'ils ont déjà pénétré dans la pratique et occupé la diplomatie moderne.

I. L'appel aux armes, pour résoudre les différends internationaux, étant un usage que condamnent à la fois la religion, la raison, la justice, l'humanité et l'intérêt des peuples, c'est pour le monde civilisé un devoir et un moyen de salut de rechercher et d'adopter les mesures propres à amener l'abolition entière de la guerre.

II. Il est de la plus haute importance d'insister auprès des gouvernements pour qu'au moyen d'un arbitrage, dont les principes seraient posés dans les traités, on termine, par voie amiable et selon les règles de la justice, les différends qui pourraient s'élever entre les nations. Des arbitres spéciaux, ou une Cour suprême internationale, prononceraient en dernier ressort.

III. Il est à désirer que, dans un temps prochain, un Congrès des nations, composé de représentants de chacune d'entre elles, se réunisse pour rédiger un code réglant les rapports internationaux. L'établissement de ce Congrès, et l'adoption d'un code sanctionné par l'assentiment de toutes les nations, seraient des moyens sûrs d'arriver à une paix universelle.

IV. Il y a lieu d'appeler respectueusement l'attention des gouvernements sur la nécessité d'entrer, par une mesure générale et simultanée, dans un système de désarmement qui, en réduisant les charges des États, fasse en même temps disparaître une cause permanente d'irritation ou d'inquiétude. La confiance réciproque et l'échange des bons offices sont aussi favorables à chaque pays en particulier, qu'au maintien de la paix et au développement de la prospérité des nations. (Nombreuses marques d'assentiment.)

La première proposition est la condamnation de la guerre, c'est-à-dire de l'appel à la violence, au mépris des préceptes de la religion, de la morale, de toute idée de justice et d'humanité, et des intérêts des peuples. Il me suffit, dans cette enceinte, après l'éloquent rapport que vous venez d'entendre, d'énoncer cette proposition.

Le sentiment de la faiblesse et des besoins de l'homme a donné naissance à la société civile : c'est un fait primordial, indépendant de la volonté des hommes.

Les peuples, comme les hommes, ont besoin les uns des autres. Le commerce rapproche les peuples; son effet naturel, comme le dit votre grand Montesquieu, est de porter à la paix. Cela établit, entre eux, des rapports nécessaires, dont le règlement se traduit en lois et en usages, ce qui constitue le fondement du droit public externe ou droit des gens.

S'il existe des différends entre les peuples, lorsque leur loi primordiale est de s'entendre, de s'entr'aider par l'échange des produits que la Providence a répandus inégalement sur la surface de la terre, les gouvernements ne doivent pas méconnaitre la loi suprême qui lie tous les hommes par le sentiment de leur faiblesse et les oblige de s'entre-secourir ; leur devoir est de rechercher, « dans les rapports » nécessaires qui existent entre tous les peuples » comme entre tous les hommes, » des moyens de résoudre les différends qui peuvent s'élever entre eux. La mesure qui concilie le mieux tous les intérêts, qui respecte les préceptes de la religion, de la morale, de la raison, de la justice, est le recours à l'*arbitrage* ou à la médiation de puissances neutres ou amies. Tel est l'objet de la deuxième proposition.

Ce serait une grande victoire si tous les gouvernements s'engageaient, dans des traités, à suivre cette voie amiable, au lieu de faire prédominer la force en place de la justice.

Dans les relations entre les peuples, la justice se fonde sur des principes naturels d'équité, mais aussi sur des usages et des précédents, sur des traités antérieurs. Lorsqu'on agite des questions de droit public externe, on invoque des traités et, à défaut de traités, quelques-unes des notions répandues dans les ouvrages de Grotius, de Puffendorff et de Vattel.

On décide donc, dans des questions de droit public, comme on faisait autrefois dans toute l'Europe pour les questions de droit civil. Ce qui recommande au souvenir des peuples l'immortel fondateur de votre dynastie impériale, c'est la confection des codes, en particulier du *Code Napoléon*, bien plus que les grandes guerres qu'il a entreprises et qui ont semé tant de ruines et amassé tant de rancunes. (Applaudissements.) Quel sera le législateur qui, un jour, présidera à la codification des principes de droit public? Un Congrès, où siégeront les représentants de toutes les puissances, peut seul amener un accord libre, une entente parfaite sur un semblable sujet. Les peuples, fédérés et réunis en groupes, auraient alors leurs lois écrites, comme aujourd'hui chaque peuple a les siennes. Un Congrès des représentants des nations discuterait et voterait ces lois ; la justice arbitrale serait rendue d'après des lois positives ; une Cour suprême serait chargée de les appliquer. Tel est l'objet de la troisième proposition (1).

Faudrait-il une force armée fédérale, pour mettre à exécution une décision arbitrale, ou une sentence de la Cour suprême? Beaucoup d'excellents esprits ne le pensent pas. N'y a-t-il pas, parmi les peuples,

(1) La rédaction d'un code international est l'objet que poursuit, en particulier, l'*Union de la Paix* du Havre, association dont les tendances sont analogues à celles de la *Ligue internationale de la Paix*. — Un de nos amis, à Londres, M. Léone Lévi s'occupe activement du vaste projet d'amener une codification de toutes les lois du commerce international.

sans recourir au droit du plus fort, à l'usage des moyens de destruction devenus si énergiques de nos jours, des moyens naturels de contrainte? Si, au mépris de la foi des traités, des maximes de droit public du monde civilisé, une nation refusait de se soumettre à une décision souveraine de la Haute Cour, ne serait-elle pas mise au ban des nations? Le résultat d'une lutte engagée par la fédération entière contre un seul État ne serait pas douteux... Mais laissons à l'avenir de décider cette question. Lorsque l'abolition de la traite des nègres a été proclamée aux applaudissements du monde entier, nous avons vu les grandes puissances maritimes s'entendre pour établir des *croisières répressives* sur les côtes d'Afrique. Je pourrais citer d'autres exemples récents de mesures analogues; mais je suis obligé d'abréger.

La quatrième proposition fondamentale, adoptée par le Congrès de 1848, a pour objet d'engager les gouvernements à entrer, par des mesures générales et simultanées, dans une voie de désarmement commandée par les intérêts communs de tous les peuples. La confiance réciproque, l'échange des bons offices, sont un stimulant pour le commerce, pour l'esprit d'entreprise, sont l'âme de la paix. L'irritation, l'inquiétude générale, le déplorable état des finances, sont la conséquence des armements exagérés.

Aux Congrès de Francfort et de Londres, une nouvelle proposition vint s'ajouter aux précédentes:

c'est le principe de non-intervention, de la part de gouvernements étrangers, dans les affaires intérieures des peuples.

A la suite du Congrès de Bruxelles, une députation, composée du président et de plusieurs des membres du bureau de cette réunion, se rendit en Angleterre, et eut l'honneur d'être reçue par le premier ministre de ce pays, lord John Russell, auquel elle présenta une adresse contenant le résumé des propositions adoptées par le Congrès.

Sa Seigneurie reprit successivement chacune des résolutions. Elle s'exprima en termes très-bienveillants sur les sentiments qui avaient animé l'assemblée; elle approuva ce genre de réunions qui, bien conduites, répandent, parmi les peuples, des idées de sagesse et de modération. Lord John Russel voulut bien insister sur ce point que si, en cas de différend avec une nation, celle-ci proposait à la Grande-Bretagne d'en référer à un arbitrage, le gouvernement anglais croirait toujours de son devoir de prendre en sérieuse considération une semblable demande (1).

De même, à l'issue du Congrès qui se réunit à Paris les 22, 23 et 24 août 1849, sous la présidence d'un illustre poëte, Victor Hugo (Applaudissements), et dont la présidence honoraire avait été déférée à Mgr l'archevêque de Paris, le bureau de ce Congrès

(1) *Compte-rendu du Congrès des Amis de la Paix universelle, réuni à Bruxelles en 1848.* Bruxelles, 1849.

eut l'honneur d'être reçu par le Président de la République. En termes très-bienveillants, le Prince répéta plus d'une fois qu'il appelait de tous ses vœux le moment où il serait possible de ne plus entretenir un effectif aussi lourd (1).

Peu de mois après notre Congrès de Bruxelles (le 12 juin 1849), Richard Cobden, esprit sage et élevé, lutteur infatigable, doué d'une persévérance rare, et qui prit part à presque tous nos Congrès, fit au Parlement d'Angleterre une proposition tendant à consacrer le principe de l'arbitrage comme moyen de résoudre tous les différends internationaux. Il proposa, en conséquence, de présenter à la Reine une humble adresse, pour la prier de charger son ministre des affaires étrangères de s'entendre avec les représentants des autres puissances, à l'effet d'insérer dans les traités un principe qui obligerait tous les États signataires de se soumettre à la décision d'arbitres, dans le cas de différends qui surgiraient à l'avenir.

Un millier de pétitions, couvertes de deux cent mille signatures, appuyèrent cette proposition, qui, après une lumineuse discussion, fut écartée par la question préalable posée par lord Palmerston. Elle avait réuni 79 voix dans la Chambre des Communes. On a remarqué, à cette époque, que la première fois que la proposition pour l'abolition des lois

(1) *Compte-rendu du Congrès des Amis de la Paix universelle, réuni à Paris en 1849.* Paris, 1850. Voir, ci-après, p. 122 et suiv.

sur les céréales fut soumise à cette même assemblée, elle n'avait réuni que *quatorze* voix!

Plus tard (le 24 juin 1851), Cobden fit au Parlement anglais une proposition à l'effet d'engager le Gouvernement de ce pays à s'entendre avec les représentants des autres puissances, afin d'arriver à un désarmement mutuel et simultané. Cette fois, il ne crut pas utile de provoquer un appel nominal sur cette question.

Si le temps me le permettait, Messieurs, je mettrais sous vos yeux plusieurs exemples de différends entre des pays, comme les États-Unis et l'Angleterre, les États-Unis et le Mexique, qui ont été aplanis par voie d'arbitrage ou de médiation, ou à la suite de longues négociations, conduites avec calme et avec la dignité qui convient à des peuples libres. J'ai dit, en commençant, que les doctrines des Amis de la Paix sont non-seulement fondées sur les conditions de l'humanité et de la nature même des choses, mais qu'elles avaient pénétré jusque dans les Conférences de la diplomatie. Je tiens dans les mains un extrait des 23e et 24e protocoles des Conférences qui ont eu lieu à Paris pour régler, après la campagne de 1855, les conditions de la paix avec la Russie. Pour ménager votre temps, quelque court que soit cet extrait, je n'en essaierai pas la lecture. Vous y verriez comment le comte de Clarendon, après avoir rappelé que les calamités de la guerre étaient encore trop présentes à tous les esprits pour qu'il n'y eût pas lieu de rechercher tous les moyens de nature à en prévenir le retour, fit observer que, dans le traité de paix, il avait été inséré à l'art. 7 (aujourd'hui art. 8), une stipulation recommandant « de recourir à la médiation d'un » État ami, avant d'en appeler à la force, en cas de » dissentiment entre la Porte et l'une ou plusieurs » des puissances signataires. » M. le premier plénipotentiaire de la Grande-Bretagne pensait que cette heureuse innovation *(ce sont ses expressions)* pourrait recevoir une application plus générale, et devenir ainsi une barrière opposée à des conflits, qui souvent n'éclatent que parce qu'il n'est pas toujours possible de s'expliquer et de s'entendre. Il proposait, en conséquence, de se concerter sur une résolution propre à assurer dans l'avenir au maintien de la paix cette chance de durée, sans toutefois porter atteinte à l'indépendance des gouvernements.

Cette proposition fut agréée immédiatement par la France et la Prusse; l'Autriche présenta quelques observations; le comte Orloff, pour la Russie, demanda à en référer à sa Cour; le comte Cavour provoqua quelques explications sur la portée de la proposition; après quoi, MM. les plénipotentiaires n'hésitèrent pas à « exprimer, au nom de leurs gou- » vernements, le vœu que les États entre lesquels » s'élèverait un dissentiment sérieux, avant d'en » appeler aux armes, eussent recours, en tant que » les circonstances l'admettraient, aux bons offices » d'une puissance amie. »

Le surlendemain, M. le comte Orloff annonça qu'il

était en mesure, en vertu des instructions de sa Cour, d'adhérer définitivement au vœu consigné à l'avant-dernier paragraphe du protocole n° 23 (1).

Une seconde pièce, que je désire également vous communiquer, et que je me borne à déposer, est le texte d'une sentence arbitrale prononcée dans un différend entre l'Angleterre et le Brésil, du consentement commun de ces deux puissances, par S. M. Léopold Ier, roi des Belges, dont la mémoire sera toujours tenue en haute vénération dans notre chère Belgique (Vifs applaudissements). Le Roi se fit remettre toutes les pièces, examina et pesa mûrement tous les documents qui lui furent soumis. Sa décision, rendue un an après l'ouverture de l'incident, fut favorable au Brésil (2).

Je pourrais m'arrêter ici, Mesdames et Messieurs, mais je demande encore la permission d'ajouter quelques mots. Ce n'est pas seulement l'excellence des idées, des principes des Amis de la Paix, qui a fait leur succès en Amérique et en Angleterre; ce qui y a essentiellement contribué, c'est la méthode suivie dans l'exposé de leurs doctrines, dans des conférences, des meetings, de petits traités populaires, dans leurs publications périodiques, leurs assemblées annuelles ou les congrès internationaux. Ils vous parlent d'un Dieu de paix, des liens qui

(1) Voir ci-après, sous le n° I, le texte des extraits de ces deux protocoles, p. 144.

(2) Voir ci-après, sous le n° II, le texte de cette sentence arbitrale, p. 145.

doivent unir tous les hommes, tous enfants d'un même Dieu. Ils vous montrent les voies de salut pour les peuples, dans les moyens de conciliation et de douceur. Ils ne s'abandonnent pas à des récriminations stériles contre les gouvernements, qui ne sont, en général, que les représentants des idées de la majorité de la nation qu'ils sont appelés à régir. S'il s'agit de réforme, je serais bien plutôt tenté de dire aux gouvernés : Commencez cette réforme par vous-mêmes. (Applaudissements.) La force, la violence sont des moyens éphémères. Pour un certain nombre d'hommes, le meilleur gouvernement est celui qui fait leurs volontés et satisfait leurs désirs. Mais nous, dans le règlement de nos destinées, comme dans toutes nos actions, bannissons de nos cœurs toute idée de violence, de conquêtes, de représailles. L'intelligence seule fait des conquêtes durables, et seule la charité, c'est-à-dire le zèle, le dévouement et le sacrifice, fonde et perpétue des institutions. (Nombreux applaudissements.)

Le R[d] HENRY RICHARD, de la *Société de la Paix de Londres*, prononce, en anglais, un discours qui est écouté avec le plus vif intérêt et souvent applaudi par une très-grande partie de l'Assemblée.

Sur la demande qui en est faite par beaucoup de personnes, M. le Président annonce que le discours de M. Richard sera traduit en français et figurera dans le compte-rendu de la séance.

Voici cette traduction (1) :

(1) On trouvera aux Annexes le texte anglais, page 120.

MESDAMES ET MESSIEURS,

C'est avec bonheur que je saisis l'occasion qui m'est si gracieusement offerte, d'entretenir quelques instants cette assemblée au nom des Amis de la Paix d'Angleterre.

Je regrette vivement de ne pouvoir le faire dans cette belle langue qui est la vôtre; toutefois la nécessité à laquelle je me trouve réduit, de me faire entendre dans un idiome étranger, ne sera peut-être pas sans quelque avantage : ce sera comme une démonstration en action de l'un des principes de votre association, je veux dire son caractère cosmopolite. La *Ligue de la Paix*, si je la comprends bien, n'entend pas être une œuvre française, mais une œuvre internationale ; et il est probable que cette mutuelle tolérance en matière de langue sera, pendant de longues années encore, l'une des formes sous lesquelles auront à se manifester les bonnes dispositions réciproques des différentes nations : car nous l'attendons toujours, malgré tous nos progrès, ce jour si souvent promis, mais si lent à venir, où quelque heureux philanthrope mettra enfin à la disposition de tous la langue universelle. (Sourires d'approbation.)

Mon ami, M. Edouard Pease, fils du président de la *Société de la Paix de Londres*, et moi-même, en qualité de secrétaire, avons été désignés par cette société pour la représenter dans cette intéressante circonstance.

Deux autres membres, M. Joseph Cooper et M. Robert Alsop, devaient faire partie de la députation. Des empêchements personnels, tenant à l'état de leur santé ou à des préoccupations domestiques, les ont, à leur grand regret, contraints au dernier moment de renoncer à ce voyage.

Nous sommes chargés par nos amis d'Angleterre de vous dire qu'ils ont appris avec la plus vive satisfaction l'organisation de la *Ligue internationale de la Paix;* qu'ils en ont suivi les développements et continueront à les suivre avec l'intérêt le plus sympathique ; qu'ils lui souhaitent cordialement bon et prompt succès dans sa tâche ; et qu'ils sont prêts à faire avec empressement tout ce qui sera en leur pouvoir, pour l'encourager et la soutenir dans sa sainte et bienfaisante mission. (Très-bien, très-bien.)

La Société que nous représentons ici existe depuis plus d'un demi-siècle ; et jamais, durant toute cette longue période, par la presse, par la chaire, par la parole libre, par la tribune publique et par toutes les autres voies par lesquelles il est possible d'agir sur l'opinion de nos concitoyens, nous n'avons un seul instant cessé de propager et de développer nos principes de « paix sur la terre et de bonne volonté parmi les hommes. » (Applaudissements.)

Nous avons publié et mis en circulation, je puis dire hardiment plusieurs millions d'imprimés, livres, journaux, pamphlets, brochures et même affiches (rires) ; car nous ne négligeons aucun moyen d'attirer les yeux ou d'arrêter l'attention (très-bien) ; et il n'y a pas, je puis le dire, une seule ville, grande ou petite, pas même un village ou un hameau de quelque importance, dans toute l'étendue des trois royaumes, où nos orateurs, à un moment ou à un autre, n'aient pénétré et où ils n'aient réussi à entretenir les habitants, dans des réunions publiques, des principes et du but de notre société (Bravos). Pendant la seule année qui vient de s'écouler, nous avons tenu plus de deux cent trente de ces réunions (Mouvement). Nous avons de même, à différentes époques, et spécialement par la bouche de notre regrettable et éminent associé, R. Cobden, porté devant le Parlement lui-même les mesures que nous voudrions voir adopter pour mettre en pratique nos principes. Ainsi que l'a déjà rappelé M. Visschers, M. Cobden soumit une première fois à la Chambre des Communes une motion en faveur de l'arbitrage international; et plus tard, en une autre circonstance, il en proposa une en faveur d'un désarmement général et simultané. La *Société de la Paix* le soutint, en faisant de tous les coins du pays envoyer au Parlement des centaines et des centaines de pétitions; ainsi qu'en provoquant les électeurs à adresser des mémoires à leurs représentants: et ses propositions, grâce à cet appui, furent écoutées par la législature avec une attention et un respect que ne leur aurait peut-être pas assurés au même degré, sans ces manifestations publiques, le nom si considéré pourtant de ce grand homme. (Approbation.)

Les Amis de la Paix, en Angleterre, se partagent en deux groupes. La conviction des uns a pour base des principes religieux aussi profonds que solides. Ils regardent la guerre, sous toutes ses formes, comme contraire à la volonté du Père Suprême, qui « a fait d'un même sang toutes les nations de la terre, pour habiter ensemble sur la surface de leur commune demeure, » et ne saurait prendre aucun plaisir à voir ses enfants se déchirer et se dévorer entre eux. (Bravos.)

Ils la condamnent surtout comme étant en directe et constante opposition avec l'esprit et les enseignements de Celui que la Chrétienté entière fait profession de révérer comme le fondement de sa foi, de Celui qui, selon ses propres paroles, « n'est pas venu pour faire périr les hommes, mais pour les sauver. » Les autres s'appuient sur des considérations philosophiques, humanitaires et économiques. Ils voient dans la guerre un outrage à la raison, un fléau pour l'humanité, une source inépuisable d'atteintes sans nombre au développement social, commercial et politique des nations. Mais ces deux groupes, quoique partant de prémisses quelque peu différentes, n'éprouvent aucun embarras à combiner leurs efforts pour la poursuite d'un but commun. (Applaudissements.)

Si vous me demandez maintenant quel effet nos enseignements ont produit sur l'esprit public en Angleterre, je vous répondrai qu'il n'est pas facile de mesurer les influences morales. (Sourires.)

Nous ne pouvons pas faire ouvrir sur ce genre de faits une enquête parlementaire; nous ne pouvons pas les inscrire dans un acte ou dans des tableaux statistiques. (Nouveaux sourires.) C'est quelque chose de léger et d'impalpable comme la lumière du ciel ou l'air que nous respirons; mais comme eux aussi c'est une force qui pénètre partout, qui rayonne en tous sens, et à l'action de laquelle on ne résiste pas. (Bravos prolongés.)

Aussi ma conviction est-elle que nous avons exercé une action marquée sur l'opinion publique de notre pays; et cette action se révèle par bien des symptômes. Le plus remarquable, assurément, est l'adoption à peu près universelle de notre principe de non-intervention. Ces mots veulent dire, Messieurs, que l'Angleterre, tout en continuant à prendre le plus grand intérêt à tout ce qui concerne les autres nations, ne se croit plus aucunement le droit d'intervenir dans leurs affaires par la force des armes; que son devoir est de s'occuper avant tout de ses affaires à elle; et qu'elle pense faire beaucoup plus pour la cause de la liberté et de l'ordre, en donnant aux autres nations, par son propre exemple, une preuve vivante des avantages de la liberté unie à l'ordre, qu'en essayant, par une action directe, de leur imposer ses idées et ses institutions. (Longs applaudissements.) Je puis également citer en notre faveur un témoignage aussi compétent qu'impartial; c'est celui de Lord Stanley, notre ministre actuel des affaires étrangères (et à mon avis le meilleur ministre qui ait occupé ce poste, d'aussi loin qu'il me souvienne, par la raison qu'il est celui qui s'est montré le plus conciliant et le plus pacifique). Répondant à une députation de la *Société de la Paix* qui s'était adressée à lui, il y a peu de semaines, au sujet de nos relations avec les États-Unis d'Amérique, lord Stanley déclarait qu'il pensait pouvoir féliciter les membres de la Société de la popularité désormais acquise à leurs principes; car, ajouta-t-il, « on sait maintenant d'un bout à l'autre de l'Europe (et toutes les nations étrangères en conviennent, encore bien que ce soit souvent pour elles un sujet d'étonnement), que la politique de l'Angleterre est décidément une politique de paix. »

Je n'ai pas besoin de dire que, pendant le cours de ces cinquante années, notre œuvre a eu à traverser bien des destinées diverses. Il y a eu des temps où nous avons été fort en faveur, et où nos efforts étaient partout salués avec transport. Il y a eu aussi des temps où, trouvant de notre devoir de nous mettre énergiquement en travers de certains entraînements guerriers, auxquels se laissaient alors emporter nos concitoyens, nous avons baissé dans leur estime, et nous sommes trouvés en butte aux reproches, au mépris et au ridicule. Mais à travers toutes ces vicissitudes, jamais nous n'avons dévié de nos principes, jamais nous n'avons abaissé notre drapeau. (Très-bien, très-bien.) Et si, au nom de notre expérience déjà longue, il est un avis, un seul, que nous puissions nous permettre de donner à nos nouveaux alliés de la *Ligue de la Paix*, ce sera celui-ci : Quoi qu'il puisse arriver, quelles que soient les difficultés que vous puissiez rencontrer sur votre chemin, à quelque impopularité passagère que vous puissiez vous trouver exposés, maintenez fermement vos convictions ; maintenez-les coûte que coûte, et à travers la bonne comme la mauvaise fortune. (Bravos.) Il vaut mieux vous attacher inébranlablement à la Vérité, — à la Vérité éternelle et immuable, — fût-ce même sous l'invective, sous la haine et sous la moquerie, que d'essayer de vous accommoder aux vues changeantes de la politique d'expédients, ou de céder aux capricieux mouvements de la passion populaire. (Nouvelles marques d'approbation.) En agissant ainsi, vous ne pouvez manquer d'obtenir à la fin votre récompense ; et vous ne la trouverez pas seulement dans l'approbation de votre conscience, vous la trouverez aussi avec le temps dans l'estime de vos adversaires, forcés de rendre eux-mêmes hommage à votre fermeté, à votre constance et à votre courage. (Applaudissements.)

Et ce sont là des qualités qui, pour une entreprise comme la nôtre, ne sont pas de trop, en vérité : car le mal auquel nous nous attaquons est un mal d'une puissance formidable. (C'est vrai.) Il a de larges et profondes racines dans les traditions et dans les préjugés du passé. (C'est vrai.) Il est entretenu par cette éducation classique toute saturée d'idées guerrières sous le joug de laquelle les hommes les plus intelligents de l'Europe sont réduits de passer. (C'est vrai, c'est vrai.) L'histoire et la poésie lui ont fait à l'envi une auréole de gloire qui éblouit les yeux de la multitude; et il est, par surcroît de malheur, étroitement associé aux intérêts de classes nombreuses et puissantes qui vivent de son maintien et de son développement. (Mouvement.) D'un autre côté, il est impossible de méconnaitre que de grandes et croissantes influences travaillent en faveur de la paix. Il n'est pas un homme de quelque intelligence qui, en jetant les yeux sur l'Europe, ne constate chez tous les peuples sans exception une horreur et une haine grandissantes de la guerre. (Marques d'assentiment.) Accablés sous le poids des terribles charges que de mille manières la guerre leur impose; échappant de plus en plus, à mesure qu'ils s'éclairent, à l'influence des passions et des préjugés nationaux qui les ont trop souvent animés les uns contre les autres; désabusés de ces idées menteuses d'honneur et de gloire si longtemps exploitées à leur préjudice par ceux qui avaient intérêt à les tromper; les peuples, par tout pays, commencent à sentir qu'il y a plus de grandeur à produire qu'à détruire (Vifs applaudissements); que la blouse bleue de l'ouvrier est le symbole d'une plus noble profession et qu'elle couvre souvent un cœur plus réellement courageux que l'uniforme du soldat (Triple salve d'applaudissements); que Dieu enfin, en donnant aux hommes l'existence et en les douant de tant de facultés merveilleuses et diverses, les a destinés à autre chose qu'à se couper la gorge les uns aux autres (Les applaudissements se renouvellent); et de plus en plus ils se montrent disposés à prendre pour maxime ce refrain d'une chanson devenue dans ces derniers temps tout à fait populaire en Angleterre : « Puisqu'il y a des gens qui *font la guerre*, que ce soient ceux-là qui se battent. » (Sourires et applaudissements.)

J'ajouterai que je suis convaincu que, la plupart du temps, l'hostilité et l'antagonisme qui divisent les nations n'ont d'autre source que l'ignorance. (Très-bien.) Plus les nations se rapprocheront, plus elles se connaîtront, et plus elles se sentiront portées les unes à l'égard des autres au respect, à la confiance et à l'amour. (Très-bien ! très-bien !) Je me rappelle à ce propos une aventure arrivée, dit-on, à un fermier du pays de Galles, mon pays natal. Cet homme vivait dans un endroit fort reculé de la montagne. Un jour, par une froide matinée de novembre, il sortit pour aller visiter ses terres; et d'abord il trouva le pays tout à l'entour de sa maison enveloppé d'un épais brouillard. Après avoir marché quelque temps, il aperçut de loin, s'avançant à travers ce brouillard, une forme étrange qui lui parut à la fois redoutable par sa taille gigantesque et par son aspect hideux et menaçant. Croyant avoir affaire à un monstre ou à quelque animal sauvage, il assura plus énergiquement dans sa main son solide bâton de chêne, et marcha sur l'ennemi pour lui livrer bataille. Mais, à mesure qu'il avançait, il voyait s'évanouir peu à peu tout ce qu'il y avait d'abord de surnaturel et de repoussant dans l'apparition ; et le soleil s'étant, en ce moment même, dégagé tout-à-coup et ayant dissipé le brouillard, il reconnut, quand il se trouva face à face avec cet être qui avait si fort excité sa frayeur, que ce n'était pas un monstre, mais un homme ; e non pas seulement un homme, mais son frère, son propre frère, qui, d'une ferme voisine, venait lui faire une visite matinale. (Explosion d'applaudissements.)

Je vous le demande, les nations n'ont-elles pas été plus d'une fois dupes d'erreurs de ce genre? Nous ne nous sommes regardés les uns les autres que de loin, à travers le brouillard trompeur des préjugés ; si bien que pour un Français un Anglais n'était qu'un monstre, et que l'Anglais, à son tour, croyait voir un monstre dans le Français. (Oui, oui, c'est cela ; on rit.) Je suis fort porté à croire qu'il y a quelque nuage du même genre, en ce moment même, entre vous et vos voisins les Allemands. (Nouveaux rires.) A en juger par quelques-uns des journaux qui se publient sur les deux rives du Rhin, on pourrait s'imaginer que les Français et les Allemands se regardent réciproquement comme des monstres. Mais, soyez-en sûrs, plus nous nous rapprocherons les uns des autres ; plus le soleil de l'intelligence s'élèvera en dissipant les sinistres préjugés du passé; et plus nous reconnaîtrons de part et d'autre que nous ne sommes pas des monstres, mais des hommes; que nous ne sommes pas seulement des hommes, mais des frères; et plus nous nous sentirons pressés de nous ouvrir les bras et de nous serrer les mains dans l'étreinte d'une cordiale et durable amitié. (Applaudissements prolongés.)

La parole est ensuite donnée à M. ISIDOR, grand Rabbin du Consistoire israélite.

MESSIEURS,

J'ai été invité par mes chers collègues du Comité à prendre la parole dans cette assemblée générale. On a voulu sans doute honorer le caractère dont je suis revêtu, car mon mérite personnel est bien peu de chose; et j'en suis d'autant plus heureux, d'autant plus touché.

Je prends la parole en tremblant, mais je la prends avec bonheur, car l'idée que nous poursuivons répond à toutes les convictions de mon esprit, à tous les sentiments de mon cœur, à toutes les aspirations de mon âme.

Paix religieuse, c'est-à-dire liberté des consciences dans leurs rapports avec Dieu; paix sociale, c'est-à-dire entente sublime entre toutes les nations pour augmenter le bien-être moral et matériel des peuples; n'est-ce pas là la fraternité dans son acception la plus pure, et la fraternité n'est-elle pas la base de toutes les religions? (Marques générales d'assentiment.) Propager les idées de paix dans le monde, n'est-ce pas marcher sur les traces de Dieu dont nous sommes les enfants, enfants qu'il enveloppe tous dans son amour, dans son immensité !

Paix universelle, ô idée vivifiante et céleste, puisses-tu bientôt immortaliser ce siècle qui a déjà enfanté tant de belles, tant de grandes choses ; puisses-tu bientôt étendre tes bienfaits sur l'humanité tout entière ! O soleil ! dont nous apercevons l'aurore, puisses-tu bientôt nous éclairer tous, et nous inonder de tes rayons !

Voilà, Messieurs, nos vœux et nos espérances.

Que pourrais-je ajouter à toutes les belles paroles que vous avez entendues ? Que pourrais-je dire, pour la paix et contre la guerre, de plus que ce qui vient de vous être dit et si bien dit ? Ah ! Messieurs, ma présence au milieu de vous, dans cette enceinte où se confondent si fraternellement les trois cultes français, ma présence ici a plus d'éloquence que n'en peuvent avoir mes paroles, car elle proclame la plus belle conquête des temps modernes ; elle proclame que les persécutions religieuses ont cessé ; elle proclame que, pour arriver à cette paix universelle que nous appelons de tous nos vœux, la première étape est franchie, la moitié du chemin est faite et qu'il nous est permis d'espérer que bientôt l'autre moitié sera faite aussi, et toute la route parcourue. Et alors, notre œuvre sera achevée et notre rêve réalisé. (Applaudissements.)

Vous le savez, Messieurs, j'appartiens à cette religion qui a subi dans le monde la plus atroce persécution ; j'appartiens à cette race d'hommes qu'on a frappés, qu'on a poursuivis, dans le nord et dans le sud. *Vous n'y étiez pas*, Messieurs, et vous avez tous aujourd'hui, je le sais, d'autres sentiments; je le dis pour glorifier la France, notre magnanime et douce patrie, qui la première nous a conviés au banquet de la société, et nous a donné cette liberté, cette précieuse égalité que rien désormais ne pourra plus nous arracher. (Nouveaux applaudissements.) Presque toutes les nations du monde ont imité l'exemple de la France, et bientôt viendra le jour où l'on pourra se demander si toute cette horrible histoire du temps passé n'est pas un affreux rêve!

Il y a quelques jours, Messieurs, à la suite d'une audience accordée à mon illustre coreligionnaire, M. Crémieux, l'Empereur des Français, plein d'une indignation généreuse contre les persécutions en Roumanie, a écrit lui-même au prince régnant ces mémorables paroles : « Prince, je suis humilié d'être obligé d'intervenir auprès de votre Altesse pour arrêter, dans le temps où nous vivons, une persécution religieuse. »

Ces paroles, Messieurs, sont l'expression de notre époque! *Plus de haines religieuses. plus de haines nationales!* voilà les mots sacrés qui brilleront en lettres de feu sur tous les drapeaux. Nous verrons tomber les unes, comme nous avons vu tomber les autres, et après avoir eu la gloire d'abolir les haines religieuses, notre siècle aura la gloire, non moins élevée, d'abolir les haines nationales, d'abolir par la fraternité des peuples cette fureur guerrière, qui est la ruine des populations, et qui, travestissant les mots les plus saints, donne souvent au carnage le nom de victoire, à la destruction humaine le nom de gloire! (Bravos.)

On a attaqué, proscrit la guerre, au nom de la philosophie, au nom de l'économie sociale, au nom du bonheur des nations; je viens l'attaquer, la proscrire au nom de la religion, je viens dire que la guerre est contraire à la volonté, aux desseins de Dieu, qu'elle est une impiété, et j'espère qu'elle succombera sous ce quadruple assaut.

Dieu a confié ce monde à l'homme pour le peupler, le fertiliser et l'embellir. Dieu, étant le père de tous, veut le bonheur de tous, et nous, insensés que nous sommes, nous changeons les desseins de Dieu, et parfois, sous le vain prétexte de venger des injures imaginaires, ou d'élargir nos limites, nous portons le deuil au milieu des populations, et nous immolons des créatures humaines!

Ne dites pas que la gloire d'une nation est dans ses conquêtes, dans l'étendue, dans l'agrandissement de son territoire. Non, la gloire d'une nation, elle n'est pas dans l'étendue de son territoire, elle n'est pas dans le nombre de ses habitants, et bien moins encore dans le nombre de ses soldats... (Applaudissements) elle est dans les principes qu'elle proclame, dans les idées qu'elle représente, dans le bonheur, dans le progrès, dans la civilisation de ses habitants. (Très-bien ! très-bien !)

Laissez-moi, Messieurs, vous raconter une parabole orientale. J'appartiens un peu à l'Orient par mon origine, et il est assez naturel que mes paroles sentent le terroir, comme on dit. Cette parabole, je la puise dans le Talmud, livre qui est peu connu de vous, et ainsi, je n'ai pas à craindre de répéter ce qui a été déjà dit, ni de me rencontrer avec ce qui pourra être dit encore.

Un jour, il y avait entre deux nations une grande bataille, un choc terrible. Alors n'existaient pas, comme de nos jours, ces engins qui tuent tant d'hommes à la fois et dont on proclame avec orgueil l'horrible puissance (Marques d'assentiment). On y allait, c'est vrai, plus lentement, mais le résultat était toujours le même (Sourires). Après le combat, vers le soir, quand le sol était jonché de cadavres et ruisselait de sang, on entendit tout-à-coup, au milieu de ce silence lugubre, de ce silence de la mort, des chants d'allégresse, des hymnes et des prières. Qu'était-ce ? C'était le peuple vainqueur qui venait adresser au Dieu des victoires, pour le remercier du passé et se le rendre propice pour l'avenir, des actions de grâces, des louanges et des cantiques. — Soudain, on entendit dans les airs une voix mystérieuse qui disait : « Cessez vos cantiques, je ne veux ni de vos prières, ni de vos sacrifices ; ces hommes couchés dans la poussière, ces vaincus qui dorment du sommeil éternel, c'étaient aussi mes enfants, et vous me blessez, vous m'outragez, vous me blasphémez par ces manifestations de joie, en présence de ce sang que vous avez versé. »

Cette voix, Messieurs, c'était la voix de Dieu, et c'est la condammation de la guerre au nom du Dieu des armées.

Ah! le *Dieu des armées*, quel blasphème! Dans la Bible, Dieu s'appelle le Dieu de la justice, le Dieu de la miséricorde, le Dieu de la pitié, mais jamais le Dieu des armées. C'est là une invention des hommes, et une invention pour le besoin de la cause. (Bravos.) J'ai lu et relu la Bible, je la lis tous les jours, c'est mon devoir, je la sais pour ainsi dire par cœur; eh bien, je défie qui que ce soit d'y trouver une seule fois ces mots: Dieu des armées. C'est là une expression fausse et dangereuse. Le mot qu'on a traduit par le *Dieu des armées* signifie le Dieu du ciel et de la terre, le Dieu qui a tout créé, qui veille sur toutes ses créatures, qui veut qu'elles s'aiment récipoquement et non pas qu'elles se haïssent, qu'elles soient unies par l'amour et non pas qu'elles se déchirent par la guerre.

Une seule fois, dans la Bible, le nom de Dieu est associé à la guerre, une seule fois il y est appelé, non pas le Dieu des armées, mais l'*Homme de la guerre*. C'est à l'occasion d'un terrible châtiment infligé à un grand tyran, à l'occasion d'un peuple dont Dieu venait de briser les fers. — Oui, la guerre est juste, elle est sainte, quand elle est défensive, quand elle repousse l'ennemi, qui vient attaquer le territoire de la patrie! autrement, elle est sans droit, elle est condamnée, elle est flétrie, et je l'ai en horreur (Bravos). — Et cette horreur, Messieurs, je la puise dans ces sentiments de bienveillance, dans ces passions généreuses que Dieu a placés dans notre cœur ; je la puise dans la grande parole du Décalogue, qui est votre Décalogue comme le mien ; je la puise dans cette autre parole : « Tu aimeras ton prochain comme toi-même ;» je la puise encore dans cette parole, gravée sur la première page de la Bible, et qui en est comme l'inscription : « Voici la génération d'Adam ; Dieu a créé le premier homme et la première femme, et il leur a dit : Multipliez et peuplez la terre. » — C'est-à-dire, aimez-vous les uns les autres, tendez-vous une main fraternelle, car vous êtes tous de la même souche, de la même origine.

Ah! pourquoi dites-vous qu'entre vous et vos frères s'élève un autre culte, une autre contrée ; que des vallées et des fleuves vous séparent! Cessez-vous pour cela d'être frères, d'être à Dieu, qui est le Dieu du nord et le Dieu du sud?

O hommes, ce soleil, que Dieu dirige de ses puissantes mains, ce soleil, symbole d'amour et de charité, répand sur tous indistinctement, sur le blanc comme sur le noir, sur le grand comme sur le petit, sur l'ancien comme sur le nouveau monde, la force, la chaleur, la vie; et nous, hommes superbes et dédaigneux, nous voudrions faire une distinction entre les hommes; nous voudrions aimer les uns, repousser les autres; estimer les uns, mépriser les autres, comme si tous n'étaient pas taillés de la même roche, comme si tous ne portaient pas en eux cette âme immatérielle que Dieu nous a donnée! (Vifs applaudissements.)

Si j'appartiens, Messieurs, de cœur et d'âme à la *Ligue de la Paix*, si je fais des vœux pour son succès, si je cherche à la seconder de tous mes moyens, en un mot, si je déteste la guerre, c'est que je remplis un devoir de ma religion, c'est que je suis fidèle au culte que je représente. Comme toutes les religions, nous avons, nous aussi, des articles de foi, et l'un de ces articles, que nous sommes tenus de réciter tous les jours, est ainsi conçu : « Je crois fermement qu'un jour viendra où Dieu fera disparaître de la terre la guerre, la famine, la peste, et toutes les autres plaies humaines. » Remarquez, Messieurs, cette assimilation : la guerre, la famine, la peste, et toutes les plaies humaines! « Je crois fermement qu'un jour viendra où les épées seront changées en faucilles, et les lances en instruments aratoires; où l'agneau viendra paître à côté du loup. »

Voilà nos vœux les plus ardents et nos espérances les plus chères! N'est-ce pas là le programme de notre *Ligue internationale de la Paix;* et les paroles que je viens de rappeler ne pourraient-elles pas servir pour ainsi dire d'épigraphe à notre œuvre! Quel avenir et quelle espérance! Oui, Messieurs, aimons-nous. *Paix au monde, plus de guerre!* Ne cessons jamais de proclamer ces paroles; elles finiront par être entendues dans les conseils des empires et dans les assemblées des nations. Et, selon une parole connue, comme l'eau qui, tombant goutte à goutte, finit par percer le rocher le plus dur, les préjugés finiront par disparaître devant les lumières qu'apporte la civilisation. Toutes ces merveilles dont nous sommes si fiers, la vapeur, l'électricité, qui rapprochent les hommes en brisant les barrières, tous ces miracles qui nous apprennent à nous connaître, nous apprendront à nous aimer.

Enfants d'un même Dieu, soyons tous unis! Catholiques, juifs et protestants; Français, Anglais et Allemands, tous, nous avons le même père; comme les arbres, nous nous ressemblons tous par le tronc, nous différons par les feuilles : les feuilles disparaîtront et le tronc restera.

Que toutes les nations soient sœurs! Et s'il surgit des questions qui les divisent, des difficultés qui les séparent, que ces questions soient résolues, que ces difficultés soient aplanies, non par la parole du canon, mais par la parole des sages assis dans le Congrès universel de la paix. Pensée sublime qui a été mise en avant par une bouche auguste, pensée qui finira par triompher, et ce sera la fin de la guerre, la gloire de la France. (Applaudissements, bravos prolongés.)

M. LE PRÉSIDENT. — La parole est à M. Martin-Paschoud, membre du Comité de la Ligue.

M. MARTIN-PASCHOUD, *Pasteur de l'Église réformée*

de Paris. — Messieurs, un des coreligionnaires du rabbin que vous venez d'entendre, mon ami, M. Crémieux, dans une cause illustre, dit en se levant : « Il faut parler, j'écoute encore. » (Très-bien ! Très-bien !) C'est ce qui m'arrive.

J'ai assisté à une grande réunion présidée par un évêque qui commença ainsi : « N'ayez pas peur, je sais que les discours les meilleurs et les plus goûtés sont les plus courts, et même, ajouta-t-il, il est certains orateurs dont le silence complet serait accueilli par les plus vifs applaudissements. » (On rit.)

Je serais infiniment désireux, Messieurs, de mériter les vôtres en renonçant à la parole... (Non ! non ! — Parlez ! Parlez !) Mais je ne le peux pas, j'ai une mission à remplir ; c'est notre cher, digne et infatigable secrétaire...

Une voix. — Et brave ! (Oui ! oui !)

M. Martin-Paschoud. — L'âme de notre Comité... (Oui ! Oui ! — Très-bien ! Très-bien !) qui me l'a donnée, et je ne peux pas la décliner. (Parlez ! Parlez !)

M. Frédéric Passy m'a envoyé une lettre à laquelle il a fait allusion tout à l'heure, lettre écrite par un vénérable curé, et il y a joint ces mots : « Lisez cette lettre, cher collègue, et lisez-la à notre réunion : voilà le secours d'en haut qui nous arrive pour faire comme il convient... »

Cela vient d'être fait, mais M. Passy n'avait pas prophétisé les discours que nous venons d'entendre.

« ... Pour faire, comme il convient, un appel aux pasteurs des âmes et les convier à s'unir au sommet du christianisme sur le terrain commun de la charité. »

Je ne vous lirai pas tout entière, ce serait beaucoup trop long, la lettre infiniment intéressante du vénérable curé dont il s'agit, qui dit être déjà sur le seuil de l'éternité. Il a jeté les yeux sur un article de journal commençant ainsi : « L'immense majorité des esprits en France, et c'est la partie la plus saine, désire ardemment le règne de la paix... » et il ajoute, lui : « Sans doute, dans notre chère patrie, les hommes sérieux ont voué haine à toute guerre désavouée par la justice, et leurs nobles aspirations sont pour la paix, mais il reste beaucoup d'efforts à faire. »

Et plus loin :

« Si, par hasard, ces lignes tombent sous les yeux de mes frères dans le sacerdoce, je les adjure de payer leur tribut au triomphe de cette sainte cause. Si cette croisade héroïquement entreprise par des hommes de cœur a le bonheur de faire tomber la barrière des préventions entre les peuples et de les porter à se comprendre et à s'aimer, n'aura-t-elle pas réveillé dans les cœurs la première loi du christianisme ? Donc, c'est accomplir une œuvre évangélique que de se vouer au triomphe de l'union générale des peuples. Le Christ est mort pour tous. La charité qui jaillit de la croix part d'une source inépuisable qui doit inonder le monde. Creusons-lui des canaux... »

(Se tournant vers M. Isidor, grand-rabbin du Consistoire israélite.) Mon vénérable collègue, écoutez, c'est un curé qui parle.

M. ISIDOR. — J'écoute.

M. MARTIN-PASCHOUD, *continuant à lire* : « ... *Abstraction faite des religions diverses*, apprenons aux hommes qu'ils sont frères, qu'ils sont créés pour s'aimer sur la terre et non pas pour s'entr'égorger. Cette tâche incombe au prêtre. » (Marques d'assentiment et bravos répétés.)

En même tems que je recevais cette lettre, il m'en parvenait une autre d'un pasteur protestant; je ne vous la lirai pas non plus, elle est trop étendue ; permettez-moi de vous en citer quelques lignes seulement :

« ... Avant, pendant et après, la guerre m'est odieuse. Avant, par les dangers moraux de toutes sortes qu'enfantent les armées permanentes... (C'est vrai ! C'est vrai !) Pendant, par les atrocités sauvages des champs de bataille que les nouvelles armes couvriront en un clin-d'œil de chair humaine... (Oui ! Oui ! — C'est vrai ! C'est vrai !) Après, par les longues rancunes qui naissent de tant de désastres et qui séparent si profondément des peuples faits pour s'entendre et pour s'aimer... (Marques d'assentiment.) Par toutes ces raisons, j'acclame vivement la sublime parole de Jésus-Christ, qui pourrait être la devise de votre Ligue : Heureux ceux qui établissent la paix, car ils seront appelés fils de Dieu. » (Bravos répétés.)

Messieurs, je regrette infiniment que notre illustre collègue, le vénérable prêtre de l'Oratoire, M. l'abbé Gratry, ait été empêché de se trouver aujourd'hui dans cette Assemblée. Il aurait, je n'en doute pas, appuyé de toute la force et de toute l'onction de son éloquente et évangélique parole, ce que nous venons d'entendre de la part de notre éminent collègue le rabbin, du vénérable curé et du pasteur protestant. Puisqu'il est absent, je ne saurais mieux faire que de remplacer le Père Gratry par le Père Gratry lui-même. Écoutez-le, Messieurs :

« Regardons en face, je vous prie, l'admirable idéal d'une paix habituelle, générale et croissante, d'une paix sociale et internationale dans la justice et le progrès, d'abord au milieu des chrétiens, puis sur le globe entier. Sans rien prédire sur ce qui sera, j'affirme que le devoir et la gloire de tout homme sera de travailler jusqu'à son dernier soupir à établir cette paix de Dieu au sein du monde entier. » Et ailleurs : « La paix entre les princes chrétiens, cette paix que demande l'Église catholique, qu'a essayée le moyen-âge, que ne cesse de prêcher Rome chrétienne, que Henri IV fut sur le point d'organiser; la paix européenne que méditent tous les sages, que voulait Kant, que Bentham établissait en droit, que posait en principe Napoléon quand il disait : Toute guerre européenne est une guerre civile ; cette paix que la science économique entière réclame au nom de la vie des peuples, voilà le devoir, voilà le salut.— Et qui surtout doit y travailler de toutes ses forces? Le prêtre! — Quand cet homme le voudra, on verra s'élever le monde de clartés en clartés. »

Ce ne sont pas seulement les hommes que je viens de citer qui parlent ainsi. Plusieurs d'entre vous ont entendu, il y a une vingtaine d'années, dans une salle voisine, un grand prédicateur, le vénérable curé actuel de la Madeleine, M. l'abbé Deguerry, s'écrier au milieu des applaudissements :

« Je l'espère, Messieurs, nous verrons bientôt notre idée assise sur un trône resplendissant; les arcs de triomphe seront remplacés par des palais de l'industrie et du commerce. Les plus grands seront ceux qui auront le plus d'amour pour l'humanité; l'égoïsme sera vaincu et le Christ règnera enfin sur la terre. »

Ce n'est pas tout. Une voix plus solennelle, une voix qui va retentir jusqu'aux extrémités du monde, celle du pape actuel, Pie IX, a dit : « Il faut que la guerre disparaisse et soit chassée de la face de la terre. » « Il faut ! — entendez ces paroles, » s'écrie notre honorable secrétaire, M. Passy, dans sa belle Conférence à l'École de Médecine (Conférence que vous avez lue; si vous ne l'avez pas lue, lisez-la); « entendez ces paroles, vous qui prétendez désintéresser des choses d'ici-bas le chrétien et le prêtre, et qui aliez jusqu'à leur faire un crime d'invoquer tout haut le Dieu de justice et de paix! »

Permettez-moi, Messieurs, de dire moi-même un mot en finissant.

Je suis protestant. Vous savez, on l'a assez répété, que tout protestant est pape l'Évangile à la main. Eh bien, je dis, moi aussi, comme le Pape, IL FAUT QUE LA GUERRE DISPARAISSE DE LA TERRE! Je suis humilié, profondément humilié que cet Évangile que nous prêchons depuis si longtemps, vous les prêtres et nous les pasteurs, que cet Évangile, qui est le code de la fraternité humaine, qui a été annoncé par ce chant céleste : Paix sur la terre! je suis humilié, dis-je, que cet Évangile ait encore fait si peu de progrès, que nous soyons réduits à supputer ici le nombre de millions et de millions de nos frères qui se sont entr'égorgés au nom du Père, du Fils et du Saint-Esprit! (Très-bien! Très-bien!)

Je suis humilié que nous ayons à former aujourd'hui une Ligue contre le retour, *possible*, — d'autres disent *probable*, — de pareilles calamités!

Mais qui sait? Prêtres et pasteurs, peut-être y a-t-il eu un peu de notre faute. Peut-être, dans nos enseignements religieux, avons-nous toujours trop exclusivement insisté sur la nécessité de nos pratiques particulières, et de nos dogmes traditionnels... (Très-bien! Très-bien!) et pas assez sur la haine des combats et l'horreur du sang répandu. (Très-bien! Très-bien!)

Chose curieuse, il n'y a pas un Catéchisme, à ma connaissance du moins, pas un seul où se trouve une section, un chapitre, un mot, contre le crime de la guerre! Est-ce que nous aurions cru par hasard, comme les anciens d'autrefois, qui n'avaient pas fait de loi contre le parricide, que le fratricide des champs de bataille ne pouvait avoir lieu entre chrétiens? Nous nous serions étrangement trompés.

Il faut entrer dans une voie nouvelle, il faut attaquer directement l'homicide glorifié. (Bravos unanimes.)

L'auteur d'un ouvrage fort remarquable qui a été couronné par la *Société des Amis de la Paix*, de Londres (M. Laroque), termine ainsi son très-beau travail : « Si les Amis de la paix veulent atteindre le but qu'ils se proposent, ils doivent commencer par élever la jeunesse autrement qu'on ne l'a fait jusqu'ici. » (Marques d'assentiment.)

Prêtres, rabbins, pasteurs de tous les cultes, nous sommes tous d'accord sur ces deux points : 1° Il faut que la guerre disparaisse de la terre ; 2° le prêtre doit y travailler. — Eh bien, à côté de nos différents manuels d'instruction religieuse, ayons un manuel commun, LE CATÉCHISME DE LA PAIX... (Applaudissements.) et que tous les clergés, dans toutes les synagogues, dans tous les consistoires, dans tous les diocèses — (si l'on veut y comprendre le fameux diocèse dont il vient d'être tant parlé, je ne demande pas mieux), — que tous les clergés, ce nouveau bréviaire à la main, marchent *comme un régiment*... à la conquête de la paix, à l'abolition de la guerre (1). (Marques d'approbation et bravos répétés.)

M. LE PRÉSIDENT. L'ordre du jour appelle le renouvellement du Comité de la *Ligue de la Paix.*

Sur un grand nombre de bancs. Il faut maintenir le Comité actuel.

M. LE PRÉSIDENT. Si l'assemblée veut continuer aux membres du Comité actuel le mandat dont ils sont investis... (Oui! oui!) elle peut compter sur leur zèle et leur persévérance.

De toutes parts. Oui! oui! par acclamation! par acclamation!

M. LE PRÉSIDENT. Alors, par acclamation, les membres du Comité actuel sont maintenus dans leurs fonctions... (Bravos.) Ils contribueront de toutes leurs forces, soyez-en sûrs, Messieurs, à l'accomplissement de la bonne œuvre que nous poursuivons en commun. (Marques générales d'approbation.)

Avant de lever la séance, je dois donner communication à l'assemblée d'une lettre de M. Arlès-Dufour, l'un de nos vice-présidents.

(1) On trouvera ci-après, aux Annexes, la reproduction plus complète des lettres citées par M. Martin-Paschoud. On y trouvera également, dans un travail de M. Visschers, sur le Congrès de 1849, les belles paroles de M. l'abbé Deguerry. Les citations du R. P. Gratry sont extraites de son ouvrage intitulé *la Paix*. Nous devons indiquer sur le même sujet son *Commentaire sur l'Evangile selon saint Matthieu*, et tout particulièrement, dans son dernier ouvrage : *La Morale et la loi de l'histoire*, le chapitre sur l'Homicide.

Par cette lettre M. Arlès-Dufour, en exprimant le regret que des circonstances de force majeure l'empêchent d'assister à la réunion, exprime le désir qu'un souvenir de reconnaissance soit accordé à la mémoire de l'illustre Richard Cobden, ce grand promoteur de la paix entre les nations. L'assemblée s'associe à cette généreuse pensée.

Après cette lecture, M. le Président déclare la séance levée.

L'assemblée se sépare à cinq heures trois quarts, en exprimant toute sa satisfaction par des applaudissements réitérés.

APPENDICE

APPENDICE

Le compte-rendu qui précède appelle comme complément un certain nombre d'annexes : nous les plaçons ici sans autre commentaire.

Voici d'abord le compte, arrêté au 8 juin, auquel il a été renvoyé plus haut.

LIGUE DE LA PAIX

En caisse à ce jour 8 juin 1868.....	2,852 fr.	70

RECETTES

Fondateurs et dons................	5,475	»»
Sociétaires.......................	1,180	»»
Dons volontaires..................	48	»»
Ventes de brochures...............	148	75
TOTAL...	6,851 fr.	75

DÉPENSES

Impresssions, circulaires et envois...	2,255 fr. 70
Secrétariat, ports de lettres et frais divers..........	1,743 15
TOTAL......	3,998 85

BALANCE

Recettes........................	6,851 75
Dépenses........................	3,998 85
RESTE....	2,852 90

Paris, le 8 juin 1868.

Pour DOLLFUS MIEG ET Cie.
R. DOERR.

Voici maintenant les deux lettres dont il a été lu des extraits par M. Martin-Paschoud. Nous les donnons dans leur intégrité, afin de n'en altérer en rien le caractère.

LETTRE ADRESSÉE A M. FRÉDÉRIC PASSY

PAR M. L'ABBÉ GARAUDÉ

auteur d'un ouvrage sur la *Guerre* (voir le second bulletin de la *Ligue*).

Roche-le-Peyron, par Neuviel-d'Ussel,
Corrèze, le 29 mai 1868.

Monsieur,

Je vous fais passer 5 fr. pour la *Ligue internationale de la Paix*. C'est le denier de la veuve ; puisse-t-il porter bonheur à cette généreuse association! Il est accompagné de mes vœux les plus ardents.

En lisant le journal l'*Union* (n° 23 ou 24 du courant), mes yeux tombèrent sur un article qui commençait ainsi : « L'immense majorité des esprits en France, et c'est la partie la plus saine, désire ardemment le règne de la paix. » Ces deux lignes constatent un fait heureux et consolant. Sans nul doute, dans notre chère patrie, les hommes sérieux ont voué haine à toute guerre désavouée par la justice et la probité, et leurs nobles aspirations sont pour la paix. Mais il reste encore des efforts à faire pour arriver à un plus grand épanouissement de ces grandes idées. Que chacun travaille donc, dans la sphère où la Providence l'a placé, à réveiller dans les âmes les principes de justice et d'humanité. Ce n'est que par une activité incessante que l'on allumera la flamme de l'amour entre les hommes, et qu'on la fera rayonner sur le front de tous les peuples. Alors disparaîtra le funeste antagonisme qui naît des préventions; alors disparaîtront aussi les restes de ces mœurs farouches et barbares qui lancent les peuples les uns contre les autres et les font se ruiner et s'entr'égorger sur un champ de bataille. Frappons donc à la porte de tous les cœurs. La *Ligue internationale de la Paix*, à Paris, et l'*Union de la Paix*, au Havre, seront nos centres d'unité et feront arriver chez les autres nations nos vœux et nos sympathies pour la paix universelle. Si par hasard ces lignes tombent sous les yeux de mes frères dans le sacerdoce, je les adjure de payer leur tribut au triomphe de cette sainte cause. Je sais qu'ils prêchent la charité, l'union et la paix aux hommes confiés à leur tendre sollicitude; mais l'horizon de leur apostolat est trop étroit; il faut que leur voix amie en franchisse les bornes et fasse voler jusque chez les peuples les plus reculés des paroles de conciliation et d'amour. Qu'ils se mettent en rapport avec les sociétés mentionnées plus haut; ils trouveront là des moyens sûrs de diffusion pour leurs idées pacifiques. Ce surcroît de dévouement et de zèle ne peut que tourner à la gloire de leur saint ninistère, et ajouter un fleuron de plus à la couronne qui doit n être la récompense.

Et si cette croisade, héroïquement entreprise par des hommes le cœur, a le bonheur de faire tomber la barrière des préven-ions entre les peuples et de les porter à se comprendre et à 'aimer, n'aura-t-elle pas réveillé dans les cœurs les premières ois du christianisme? Donc, c'est accomplir une œuvre évangélique, que de se vouer au triomphe de l'union générale des peuples.

Si nous, prêtres catholiques, n'avons pas toujours le bonheur de faire accepter partout les bienfaits de la foi, tâchons du moins de faire accepter les lois de justice, d'amour et de paix qui en font la base primitive et essentielle. Cette première ac-ceptation sera un puissant acheminement vers la seconde. A l'exemple du savant et très-respectable Archevêque d'Alger, pressons sur notre sein palpitant de tendresse et d'amour, les enfants délaissés des Arabes, des Juifs, des Idolâtres, des Chi-nois et des Japonais assassins, couvrons-les de nos baisers, ar-rosons-les des larmes de la pitié, couvrons leurs membres frêles, nus et froids. Le Christ est mort pour tous; la charité qui jaillit de la croix part d'une source inépuisable qui doit inonder le monde : creusons-lui des canaux, c'est-à-dire, abstraction faite des religions diverses, apprenons aux hommes qu'ils sont frères, qu'ils sont créés pour s'aimer sur la terre et non pour s'entr'égorger. Et cette tâche incombe au prêtre, pour le moins, autant qu'au généreux laïque. D'autre part nous ne devons jamais perdre de vue, quelle que soit notre condition, que l'amour du bien et de l'humanité ne suffit pas en lui-même pour cette grande mission. Qu'est-ce qu'un amour solitaire et concentré dans un cœur? Le feu comprimé s'éteint; il faut qu'il fasse explosion pour illuminer. Donc, aussi, il faut à l'amour de l'humanité de l'expansion : or, quel sera le véhicule de ses tièdes et brillants rayons?

Certains moyens matériels fournis par les adhérents aux sociétés si généreusement établies en faveur de la paix. Ces moyens serviront d'abord à rémunérer le temps et la peine des dignes et laborieux agents qui se consacrent à la sainte propagande. Ensuite, à imprimer les bulletins et les chaleureuses provocations qui doivent sillonner le monde et parvenir sous toutes les latitudes. Car ce n'est pas une ou deux nations qui doivent être imbues des principes de paix et de fraternité; mais la douce sève de l'amour réciproque doit s'infiltrer dans les veines de tous les peuples. Sans cela, les nations qui demeureraient encore sous les glaces de la barbarie, déborderaient sur les autres, et celles-ci seraient peut-être la victime de leur machiavélisme et de leur astuce. L'équilibre de la civilisation doit donc exister entre les peuples, comme l'équilibre des forces vitales doit exister entre les membres du corps, pour qu'il y ait santé.

Je suis vivement touché, Monsieur, de tout ce que vous faites pour la grande cause de la paix. Je sais que votre dévouement est infatigable. Je vous en remercie de cœur, et suis, avec autant d'admiration que de respect,

Votre tout dévoué,

Garaude, prêtre.

LETTRE D'UN PASTEUR A M. MARTIN-PASCHOUD

— Vous comprenez, cher frère, que je suis surtout frappé, comme vous, des considérations morales et religieuses qui plaident avec tant de force le parti de la paix. Certes, nul de nous n'est insensible aux arguments d'ordre si divers qui proscrivent la guerre du milieu des peuples civilisés : les intérêts troublés, les affaires suspendues, les finances de la nation, laborieusement acquises par l'impôt, jetées dans un abîme sans fond, l'avenir incertain, les générations futures grevées de lourdes dettes avant même que de naître, l'industrie, la science, l'art, les progrès de tout genre relégués à l'arrière-plan des préoccupations publiques, les vaincus ruinés et meurtris, et les vainqueurs mêmes occupés pendant de longues années à réparer leurs forces et à payer leur gloire! En voilà assez, ce semble, pour gagner à votre Ligue tous les hommes réfléchis.

Il y a longtemps déjà que ces vues ont été exprimées, et elles rallient aujourd'hui un plus grand nombre d'adhérents que jamais. Je m'attriste toutefois en voyant que l'horreur de la guerre n'est pas plus ancienne, plus profonde et plus générale. Quel est donc ce prestige que la guerre exerce encore sur tant d'esprits, qu'il n'y ait pas contre elle, dès qu'il en est question, dès qu'on nous en menace, dès que son bruit sinistre rase la terre, un cri unanime d'horreur et de réprobation? Comment le hideux spectacle que son nom seul évoque devant les yeux ne suffit-il pas à la faire condamner sans appel par la conscience du genre humain? Serions-nous vraiment des cœurs timides, efféminés, parce que tout se révolte en nous à la pensée de ces grandes tueries d'hommes, de ces mares de sang, de ces membres arrachés, de ces monceaux de cadavres, de ces mutilations pires que la mort, de ces tortures infligées par le hasard d'un biscaïen ou d'une balle explosible, et qui dépassent tous les raffinements des anciens supplices? Y a-t-il vraiment mollesse ou lâcheté de notre part à plaindre ces malheureuses et innocentes victimes d'un fléau déchaîné volontairement par leurs semblables? Est-ce de la sensiblerie que de sympathiser avec le cœur brisé des pères qui ont perdu leurs fils, avec le deuil navrant des épouses et des mères? Ces maux, les plus horribles qui se puissent concevoir, faut-il les envisager d'un œil sec, d'un cœur froid ? N'est-on viril qu'à ce prix? Mais alors, qu'on accuse l'Evangile qui nous énerve, qui verse dans nos âmes la compassion, qui nous apprend à pleurer avec ceux qui pleurent, qui nous veut, non-seulement humains, mais pleins de tendresse pour toutes les douleurs d'ici-bas!

C'est l'Evangile aussi, c'est le sentiment croissant de la fraternité humaine et de l'égale dignité de tous, qui nous inspire une invincible répulsion pour les violentes colères et les haines absurdes que la guerre sème entre les peuples. La guerre ne naît pas de la haine, mais la haine naît de la guerre. La guerre naît d'un malentendu, d'une ambition personnelle, d'un intérêt lésé, d'une fausse situation. C'en est assez pour provoquer ensuite les passions les plus détestables, les plus indignes de notre civilisation. — Ou bien la guerre est poursuivie froidement, en haut par calcul, en bas par obéissance, et ses horribles massacres paraissent d'autant plus odieux, qu'ils n'ont pas l'excuse de l'enthousiasme. Ou bien les peuples aveuglés, enivrés par le sang, se jettent éperdûment les uns sur les autres, comme des taureaux lâchés dans l'arène! — Car elles sont rares, heureusement, les guerres vraiment saintes, où un peuple défend son indépendance contre l'envahissement de l'étranger! où la guerre n'est plus la guerre, mais la défense du foyer, de la famille, de la liberté! où elle n'est ni la vengeance, ni la conquête, ni une savante partie d'échecs, mais la protection du faible et l'expulsion de l'oppresseur! — Hors de là, quelle folie et quelle barbarie de transformer les noms des nations diverses qui se partagent la terre, en autant de drapeaux ennemis qu'il suffit de faire flo, . à propos pour allumer dans les cœurs la méfiance et la jalousie! Il y a bien longtemps que le vieux prophète Esaïe, las de ces guerres sans fin, qu'il annonçait lui-même, contemplait à l'avance, oublieux de leurs inimitiés séculaires, et confondus dans une fraternelle étreinte, Egyptiens, Assyriens et Israélites, ouvrage du même Dieu, enfants du même Père! Combien les peuples ont-ils plus de motifs qu'alors pour se rechercher, s'éclairer, se soutenir mutuellement, pour former entre eux une vaste confédération, où chacun profite de tous, où l'émulation remplace la haine!

Je déteste tout dans la guerre, même ses préparatifs. Avant qu'elle n'éclate, elle est funeste. Le vieil adage *para bellum*, sous son aspect pacifique, est gros de périls et de malheurs. N'est-ce rien que cette accumulation ruineuse d'engins meurtriers, qui épouvantent même ceux qui s'en doivent servir? cet embrigadement des forces les plus jeunes et les plus vives de la nation? cet encasernement si prolongé de tant d'individualités qui ne peuvent se développer complétement dans un milieu si anormal, si peu fait pour l'homme, si peu propice à l'esprit d'initiative et à l'apprentissage de la liberté? Une courte discipline est bonne ; une longue obéissance est mortelle. La nature, aussi bien que la religion, qui n'est que la nature agrandie, réclame contre ces prétendues nécessités de la défense nationale, qui sont bien plutôt des causes de l'affaiblissement national.

Avant, pendant et après, la guerre m'est odieuse. Avant, par les dangers moraux de toute sorte qu'enfantent les armées permanentes; pendant, par les atrocités sauvages du champ de bataille que les nouvelles armes couvriront en un clin d'œil de chair humaine; après, par les longues rancunes qui naissent de tant de désastres, et qui séparent si profondément des peuples faits pour s'entendre et pour s'aimer. — J'acclame donc vivement la sublime parole de Jésus, qui pourrait être la devise de votre Alliance : « Heureux ceux qui établissent la paix, car ils seront appelés Fils de Dieu ! » Je remarque que ce titre d'honneur, qu'ils partagent avec Jésus lui-même, n'est pas leur seule récompense. A mesure que le monde moderne s'éclaire, et que les préjugés reculent, les amis de la paix deviennent plus nombreux, plus forts; leur voix est écoutée. Ce ne sont plus de vains utopistes, étrangers à la réalité des choses; mais on commence à comprendre qu'ils sont au contraire les meilleurs politiques, les meilleurs économistes, les plus sûrs agents du progrès, les plus fermes soutiens de la société, les fidèles représentants de l'intérêt commun et même de l'honneur national. Si la dignité d'un peuple se mesure à l'énergie de sa liberté, — la paix est le sol fécond où la liberté se développe, et avec elle la moralité, l'intelligence, la richesse, l'expansion de toutes les forces qui font la vraie grandeur. C'est à nous, amis de la paix, que sont réservées les plus solides conquêtes. Courage donc, en avant dans cette œuvre. L'avenir est à nous. Le monde vient à nous. « Heureux les débonnaires, car ils hériteront de la terre. »

TEXTE ANGLAIS DU DISCOURS

DE

M. HENRY RICHARD

Ladies and Gentlemen,

I gladly avail myself of the opportunity thus kindly accorded to me, to offer a few remarks to this meeting on behalf of the Friends of Peace in England. I am very sorry that I am not able to address you in your own beautiful language. But the necessity under which I am laid of speaking to you in a foreign tongue will, at least, have this advantage, that it will furnish an incidental illustration of one of the principles of your association, namely its cosmopolitan character: for, as I understand, the League of Peace is intended to be not a French, but an *International* League. And no doubt this is one way, in which for many years to come the different nations will have to display their pacific dispositions towards each other, by excercising mutual forbearance for each others linguistical ignorances and imperfections, untill some fortunate philanthropist shall, at length, discover that universal language, which has been so often promised, but which is so slow of being actually realised.

My friend, M. Edward Pease, son of the President of the Peace Society of London, and myself as its secretary, have been deputed by the committee to represent them on this interesting occasion. Two other gentlemen, M. Joseph Cooper and M. Robert Alsop were included in the deputation.

But, owing to personal and domestic sickness, these gentlemen were obliged at the last moment, greatly to their own regret, to relinquish their intention of coming. We are charged by our friends in England to say, that they have witnessed the organisation of the International League of Peace with the greatest possible satisfaction; that they have watched its proceedings and will continue to watch them with the utmost interest and sympathy; that they cordially wish it good speed and success in its work; and that they are willing and anxious to do anything in their power to encourage and assist it in its sacred and beneficent mission.

The Society we represent here today has been in existence for more than half a century, during the whole of which time we have never ceased, by the press, by the pulpit, by the platform, by the Parliamentary tribune, and by all other means and agencies through which we act on the public opinion of our country, to propagate and enforce our principles of peace on earth, and good- will among men. We have issued and put in circulation, I may fairly say, many millions of publications, in the form of books, journals, pamphlets, tracts, and even placards on the walls: for we have neglected no means by which we could arrest the eye, and engage the attention of our countrymen; while there is not a city, nor a town, and hardly a considerable village or hamlet, in the United kingdom, into which our lecturers have not penetrated, at one time or another, and have addressed the inhabitants in public meeting assembled, on the principles and objects of the Society. During the last year alone there were more than 230 of such meetings held. We have also, at different times, brought those practical measures by which we desire to give effect to our principles before the imperial Parliament, especially by the mouth of our lamented and distinguished associate M. Richard Cobden.

As already stated by M. Visschers, M. Cobden submitted

ɔ the House of Commons, on one occasion a motion in favour f international arbitration, and on another in favour of a muıal and simultaneous reduction of Armaments. The Peace Soiety supported him by many hundreds of petitions sent from ll parts of the country to Parliament, and by memorials adressed by constituencies to their representatives, which obıined for his proposals greater attention and respect, in the ɛgislature, than even his great name could have secured, withıt these manifestations of public opinion.

The Friends of Peace in England consist of two sections. One f these ground themselves on deep, earnest *religious* principles ıd convictions. They regard war in all its manifestations as eing opposed to the will of the Supreme Father, who has made f one blood all nations of men to dwell on the face of the earth, ıd who cannot take delight in seeing his children rend and evour each other; and especially they condemn it as being esɛntially and eternally at variance with the spirit and teaching Him, whom Christendom professes to reverence as the founɛr of its faith, and who, in his own language, came not to ɛstroy men's lives but to save them. The other section ounds itself on philosophical, humanitarian, economical wiews. denounces war as an outrage on reason, as a scourge of huanity, as pregnant with manifold evil influences on the social, ımmercial and political well-being of nations. But these two ctions of our party, while starting from somewhat different emises, do not find the smallest difficulty in combining and -operating for the attainment of a common object.

If I am asked, what effect we have produced by our teaching general opinion in England, I answer that it is difficult to easure moral influence. You cannot move for a Parliamentary turn of its operations, you cannot put them into ad schedule in statistical tables. It is subtle, impalpable, like the light of aven and the air we breathe; but, like them also, it is penetrating, diffusive, irresistible. And my conviction is that we have produced a very marked effect on the public opinion of our country, which is revealing itself in various ways, but in none more remarkably than in this, that our countrymen have almost universally accepted our principle of non intervention: which means this that, while England continues to feel deep interest in whatever concerns other nations, it has no right to interfere in them by force of arms; that its duty is to mind its own business; and that it can far more effectually promote the cause of liberty and order, by giving to other nations an illustration, by its own exemple, of liberty and order combined, than by intruding and intermeddling, and trying to impose its ideas and institutions upon others. I may also cite the testimony in our favour, of a most competent and impartial witness, that of lord Stanley, our present Minister of Foreign affairs, and in my judgement the best minister who has occupied that office within my memory, because the most conciliatory and pacific. In addressing a deputation from the Peace Society, which waited upon him a few weeks ago on the subject af our relations with the United States of America, his Lordship said, that he thought he could congratulate the members of the Society upon the popularity of its principles, « for now, » he added, « it is known throughout Europe, (the fact is at least acknowledged however much foreign nations may be puzzled by it), that the policy of England is emphatically a policy of Peace. »

I need not say, that during a course of fifty years, our cause has had to pass through many vicissitudes. There have been times when we have been very popular, and when our countrymen have greeted us and our exertions with great applause. But there have been times, also, when, feeling it our duty strenuously to set ourselves in opposition to certain warlike propensities and outcries that have manifested themselves among them we have fallen in their estimation, and have been reproached, reviled and ridiculed. But throughout all these changes we have never swerved from our principles, never lowered our standard. And if there be one word of advice, which as the result of our long experience we may presume to give to our new Associates of the League of Peace, it is this : —Whatever may betide, what ever difficulties may beset and good path, whatever temporary impopularity you may incur, hold fast by your convictions at every price through evil report and good report. It is better to stand by the side of truth, which is eternal and immutable, even amidst reproach and ridicule, than try to accomodate yourselves to the shifting schemes of political expediency or the capricious impulses of popular passion. By so acting, you will be sure ultimately to gain your reward, not only by having the approval of your own conscience but by extorting from your very adversaries a tribute of respect to your steadfastness, consistency and courage.

And in this entreprise we have need of these qualities. For the evil we assail is one of formidable strength. It has struck its roots deep and far into the traditions and prejudices of the past, it is nourished by the influence of that classical education, saturated with the spirit of war, through which the most intelligent minds of Europe are made to pass, it gathers around itself a halo of historical and poetical glory which dazzles the eyes of the multitude, and it is unhappily closely associated vith the interests of large and powerful classes who are pledged to its maintenance and extension. But on the other hand it is impossible to doubt that there are large and growing forces at work in favour of Peace. No one can cast an eye of intelligent observation over Europe without seeing among the people of every country an increasing horror and hatred of war. Oppressed vith the terrible burdens which in various ways it imposes upon them, escaping more and more, as they become more enlightened, from those national prejudices and passions which have inflamed them against each other, disenchanted of those false notions of honour which those who had an interest in deceiving them so long turned to their own profit at their expense, the people everywhere are beginning to feel that it is more glorious to produce than to destroy; that the blue blouse of the workman is the symbol of a nobler occupation and often covers a braver heart, than the soldiers uniform; that human beings have been called into existence by God, and endowed with such various and marvellous faculties for some higher purpose than that of cutting each others throats; and they are increasingly disposed to adopt as their maxim, the burden of a song which some time ago was very popular in England, which said:

« Let the men that *make the quarrels*,
Be the only men to fight. »

I believe that much of the hostility and alienation which divides the nations arises from pure ignorance. The nearer they approach and the better they know each other, the more will they be inclined to respect, to trust, and to love each other. I remember a story that is told of a farmer in Wales, my native country, who lived far away among the momtains. One cold November morning he went out early to inspect his land. When he quitted his house, he found the whole country enveloped in a thick fog. As he advanced onwards, he saw in the distance loanning through the fog, a strange figure that seemed to be gigantic in its proportions, and hideous and menacing in its aspect. It appeared to him like some monster or wild beast. But he clutched his stout oaken cudgel with a firmer grasp and went forward to do battle with the foe. But as he drew nearer, the unnatural and repulsive form of the apparition began gradually to subside, and the sun at the same moment bursting forth and dispersing the fog, he found when he came up to it, that the shape which had so excited his fears, was not a monster, but a man, and not merely a man, but his own brother, who from a neighbouring farm has come to pay him an early visit. And has there not been some delusion of this nature between nations? We have looked upon each other from afar through the distorting fog of prejudice, so that an Englishman has appeared to a Frenchman and a Frenchman to an Englishman almost like a monster. I am not sure that there is not something of the same sort even now between you and your neighbours the Germans. Judging from some of the journals published on either side of the Rhine, it would seem an if Frenchmen and Germans regarded each others as monsters. But depend upon it, the nearer we all draw to one another, and the more the sunlight of intelligence breaks forth and scatters the sinister prejudices of the past, the more we shall find that we are not monsters but men, and not men merely but brothers, and the more shall we be disposed to stretch forth our arms, and to clasp each other hands in cordial and lasting amity.

NOTICE SUR LE CONGRÈS DE LA PAIX DE 1849

PAR M. A. VISSCHERS

(addition à son discours du 8 juin 1868)

Il pourrait paraître étrange que, rendant compte à Paris, dans la salle Herz, le 8 juin 1868, des « travaux antérieurs des Amis de la Paix, » je me sois borné, sans même essayer une analyse, à une simple mention du Congrès qui se réunit dans cette capitale, en trois mémorables séances, les 22, 23 et 24 août 1849.

Bien que ce sujet fût de nature à intéresser éminemment un auditoire parisien, l'impitoyable logique a restreint, malgré ma bonne volonté, mon compte-rendu à un simple exposé des doctrines des Amis de la Paix, telles qu'elles ont été développées et confirmées dans des milliers de meetings en Angleterre et en Amérique; et si j'ai reproduit le texte des propositions fondamentales adoptées à Bruxelles, j'ai eu soin d'ajouter que, dans les trois grands Congrès internationaux qui se sont réunis ensuite à une année d'intervalle, à Paris, à Francfort-sur-le-Mein et à Londres, ces mêmes propositions ont été chaque fois de nouveau débattues, adoptées et confirmées.

Cette continuité de sanction donnée aux propositions principales, qui nous sont parvenues en quelque sorte comme un legs de nos anciens, m'a autorisé à parler des Amis de la Paix comme si, sans interruption, les partisans actuels de la paix, sous le nom de *Ligue internationale* ou d'*Union de la Paix*, étaient les continuateurs du mouvement commencé en 1815 et 1816, par Noah Worcester, Channing, William Ladd et quelques autres, aux Etats-Unis d'Amérique; par William Allen, Thomas Clarkson et autres, en Angleterre. En passant par nos quatre Congrès internationaux de 1848 à 1851, les doctrines ont peut-être éprouvé quelques changements de forme, les principes économiques y ont pris plus de développements ; mais le fond est resté le même, et nous ne voyons rien qu'on puisse substituer « à l'arbitrage ou à la médiation de puissances amies, au lieu du recours aux armes; à la formation de codes de lois internationales, au lieu des propositions incomplètes contenues dans des traités ou dans quelques ouvrages sur le droit des gens; aux propositions relatives au désarmement, etc.

Ces principes ont trouvé leur sanction dans les résolutions

adoptées par le Congrès de Paris. Comme ces dernières diffèrent quelque peu, dans leur rédaction, des propositions adoptées l'année précédente à Bruxelles, et que l'on y a joint diverses propositions accessoires, nous reproduisons ci-après, à la suite de cette Note, le texte des huit résolutions adoptées par le Congrès de Paris; en appelant même, si on le désire, la discussion sur ces propositions, tant nous attachons de prix à ce que l'on se pénètre bien de l'importance et du caractère pratique des doctrines des Amis de la Paix.

Dans le courant de juin 1849, MM. Elihu Burritt, des États-Unis d'Amérique, et Henri Richard, secrétaire de la Société de la Paix de Londres, arrivèrent à Paris, pour y préparer le futur Congrès. Ils reçurent un excellent accueil de la part des membres de la Société de la morale chrétienne, de la Société d'économie politique, de la Société d'économie charitable, et des notabilités de la presse et du gouvernement. Bien que le droit de réunion fût encore suspendu, par suite de l'état de siége, M. Dufaure, ministre de l'intérieur, s'empressa de donner son autorisation au Congrès. Un comité fut nommé pour faire les préparatifs. M. Joseph Garnier, professeur d'économie politique à l'Ecole des ponts et chaussées, et qui devint l'un des secrétaires du Congrès, y apporta particulièrement tous ses soins.

Le 22 août, à midi, le Congrès s'ouvrait dans la jolie salle Sainte-Cécile (Chaussée-d'Antin), qui avait été artistement ornée pour la circonstance. Derrière le bureau du président et autour de l'enceinte réservée aux Amis de la Paix, on avait disposé en faisceaux fraternels les drapeaux de la France, de l'Angleterre, des États-Unis, de la Belgique, de la Hollande, etc. La réunion, composée, en grande partie, des délégués des Sociétés des Amis de la Paix de l'Angleterre, des Etats-Unis et des autres nations étrangères, présentait l'aspect le plus pittoresque. On y distinguait les quakers à leur habit noir au collet relevé, à leurs chapeaux aux larges bords, et mieux encore à leur physionomie fine et bienveillante. Dans les tribunes, on remarquait aussi quelques jolis visages de quakeresses, emprisonnés dans d'énormes chapeaux gris, dépourvus de tout ornement.

Le nombre total des membres était d'environ six cents. On comptait dans l'assemblée vingt-trois délégués américains, vingt-un des États-Unis, un de Montréal, un de Guatémala ; parmi eux se trouvaient deux anciens esclaves qui prirent la parole dans l'une des séances, et fort convenablement. Un des délégués américains (M. Charles Durkee, du Wisconsin) avait fait plus de sept cents lieues dans les terres, pour venir s'embarquer à New-York. Les membres anglais du Congrès, la plupart délégués par des villes ou des réunions convoquées à cet effet, parmi lesquels on remarquait six membres de la Chambre des Communes, étaient au nombre de plus de trois cents. On comptait deux cent trente Français, vingt-trois Belges, et un petit nombre de Suédois, d'Allemands, d'Italiens, d'Espagnols. Dans l'enceinte réservée au public, se pressaient plus de deux mille personnes, dont trois cents visiteurs anglais venus spécialement pour le Congrès, en compagnie des délégués.

La presse reproduisit tout au long les discussions ; et, avec les magnifiques discours de Victor Hugo, du pasteur Athanase Coquerel, du Révérend John Burnett, de l'abbé Deguerry, curé de la Madeleine, de Henri Vincent, cet ancien contre-maître d'un atelier de Manchester, devenu un des hommes les plus éloquents de l'Angleterre, d'Elihu Burritt, l'apôtre venu d'Amérique, de Frédéric Bastiat et de l'éminent publiciste Emile de Girardin, la parole de paix circula dans le monde entier, et jeta dans toutes les âmes des semences fécondes que le temps fera lever.

Le discours de M. Victor Hugo électrisa l'assemblée, surtout lorsque, devançant l'avenir, il s'écria : « Un jour viendra

» où, vous France, vous Russie, vous Italie, vous Angleterre, » vous Allemagne, vous toutes les nations du continent, sans » perdre vos qualités distinctes et votre glorieuse individua- » lité, vous vous joindrez étroitement dans une unité supérieure, » et vous constituerez la fraternité européenne, absolument » comme la Normandie, la Bretagne, la Bourgogne, la Lorraine, » l'Alsace, toutes nos provinces se sont fondues dans la France. » Un jour viendra où il n'y aura plus d'autres champs de ba- » taille que les marchés s'ouvrant au commerce et les esprits » s'ouvrant aux idées. Un jour viendra où les boulets et les » bombes seront remplacés par les votes, par le suffrage uni- » versel des peuples, par le vénérable arbitrage d'un grand sénat » souverain, qui sera à l'Europe ce que le Parlement est à » l'Angleterre,... ce que l'Assemblée législative est à la France ! » (Applaudissements.) Un jour viendra où l'on verra ces deux » groupes immenses, les États-Unis d'Amérique, les États- » Unis d'Europe (Applaudissements), placés en face l'un de » l'autre, se tendant la main par-dessus les mers, échangeant » leurs produits, leur commerce, leur industrie, leurs arts, leurs » génies, défrichant le globe, colonisant les déserts, améliorant » la création sous le regard du Créateur, et combinant ensemble, » pour en tirer le bien-être de tous, ces deux forces infinies, la » fraternité des hommes et la puissance de Dieu. »

Le président du Congrès de Bruxelles rendit ensuite compte de l'audience que lord John Russel, premier ministre de la Grande-Bretagne, avait accordée à la députation de ce Congrès chargée de lui présenter une adresse, et des paroles bienveillantes prononcées par le noble lord, en témoignage des sentiments de sympathie que le gouvernement anglais porte à la cause de la paix du monde. Les prix furent remis aux lauréats du concours institué à Bruxelles par les délégués anglais et américains, sur les questions traitées au Congrès précédent.

L'Académie royale de Belgique avait accepté les fonctions de juge de ce concours.

Passons, puisque le temps nous presse, sur le discours de HENRI VINCENT, dont un journal traçait ainsi le portrait : « Son accent énergique, son regard animé, son front inspiré, » toute son action oratoire respire une telle volonté de persuader, « que cet Anglais, en parlant devant un public en partie fran- » çais, arrive presque à se faire comprendre de tous dans sa » langue, et à vaincre l'obstacle de la différence des idiomes. »

A la seconde séance, le pasteur ATHANASE COQUEREL traita la question du désarmement. Il passa en revue les grands événements du monde depuis l'antiquité : l'établissement du christianisme, l'émancipation des esclaves, et l'avénement de toutes les libertés, longtemps regardées comme impossibles ; puis il ajouta : « Et la tolérance religieuse, la liberté de conscience, » l'égalité des cultes, le respect mutuel des croyances, combien de » temps, au milieu des plus horribles guerres de religion, au mi- » lieu de la persécution sous toutes ses formes, au milieu des » échafauds et des bûchers, n'a-t-on pas soutenu que ces con- » quêtes de la paix étaient impossibles ? Ajourd'hui, pour vous » les rappeler, je n'ai besoin de citer ni le Code de nos lois, ni » les articles de la Constitution : il me suffit de jeter avec émo- » tion un regard à mes côtés, et de vous dire qu'en ce moment » c'est un ministre protestant qui vous parle devant un des » plus dignes ecclésiastiques catholiques qui l'écoute. » (Applaudissements prolongés.)

Lorsque M. Coquerel se rassit, M. l'abbé Deguerry lui serra la main avec effusion. Un enthousiasme difficile à décrire éclata, à cet instant, dans l'auditoire.

M. HENRI VINCENT parla une seconde fois.

Après l'avoir entendu, M. ÉMILE DE GIRARDIN monte à la tribune. Après quelques mots d'exorde, « Messieurs, s'écria-t-il, » il y a du désordre dans ce que je dis. (Non ! non !) Je ne

» suis pas un orateur; je n'aime pas plus les harangues super-» flues que les armées nombreuses. (On rit.) J'avais préparé un » discours, je l'avoue, mais quand j'ai vu un simple ouvrier an-» glais monter à cette tribune et s'exprimer avec une éloquence » admirable, j'ai renoncé à mon discours. (Très-bien! très-» bien!) J'ai envié pour mon pays la liberté qui produit de tels » hommes (très-bien! très-bien!), et mon front s'est courbé » sous la honte en songeant que nous nous défions de la liberté. (Applaudissements! Tous les yeux se portent sur M. Vincent.)

» Qu'on ne dise pas, continue l'orateur, que les armées nom-» breuses sont nécessaires pour empêcher les révolutions; ce » qui empêche les révolutions, c'est la bonne administration, » c'est le bon emploi des deniers des contribuables, ce souverain » moderne. (Très-bien! très-bien!)

» Sont-elles plus nécessaires pour l'influence extérieure? La » France veut-elle conquérir l'Europe? N'a-t-elle pas abdiqué » la pensée des conquêtes? Si les hommes de son gouvernement » ne rêvent pas à la conquête du monde, à quoi bon *cinq cent* » *mille hommes?* C'est faire vibrer un sentiment qu'on ne satis-» fait pas. C'est exciter le point d'honneur et le blesser en même » temps. C'est un non-sens. »

Et répondant à une interruption : « Ah! ce n'est pas sérieux? » Ce n'est pas sérieux de prendre l'argent le plus clair à de » pauvres gens qui en ont si peu? Ce n'est pas sérieux d'aller » arracher des hommes à leur famille? Quoi! vous arrachez un » homme à sa profession, vous le tenez *pendant cinq ans* sous les » drapeaux, et vous le rendez ensuite à la société, sans aucun » dédommagement!... et vous dites que ce n'est pas sérieux? » Eh bien! moi, je vous dis à mon tour, s'il y a quelque chose » de sérieux au monde, c'est cela. » (Oui! oui! — Appro-bation.)

M. Bastiat, représentant du peuple, n'hésite pas à dire que la cause de la paix réunit aujourd'hui, dans cette assemblée, plus de force religieuse, intellectuelle et morale, plus d'influence réelle, qu'aucune autre cause quelconque n'en pourrait rassembler autour d'elle sur un autre point du globe. Oui, ajouta-t-il, c'est là « un grand et magnifique spectacle, et je ne crois pas » que le soleil en ait jamais éclairé de semblable. Voici des » hommes qui ont traversé l'Atlantique ; d'autres ont abandonné » en Angleterre de vastes entreprises ; d'autres encore ont quitté » le sol tremblant de l'Allemagne ou les paisibles terres de la » Hollande et de la Belgique. Paris est leur rendez-vous. Et » qu'y viennent-ils faire? Sont-ils attirés par la cupidité, la va- » nité ou la curiosité, ces trois moteurs auxquels on a coutume » d'attribuer les actions des fils d'Adam? Non, ils viennent, » poussés par l'espoir de réaliser du bien pour l'humanité, les » yeux bien ouverts sur les difficultés de l'entreprise, et sachant » qu'ils ne travaillent pas pour eux-mêmes, mais au profit des » générations futures. Hommes de dévouement et de foi, soyez » les bienvenus sur cette terre de France. La foi est conta- » gieuse comme le scepticisme. Mon pays ne vous fera pas dé- » faut; lui aussi apportera son tribut à votre généreuse entre- » prise. (Applaudissements.)

... » Étrange interprétation des mots! Eh quoi! les grandes » nations n'ont-elles d'influence que par les canons et les baïon- » nettes? Est-ce que l'Angleterre ne doit pas son influence à son » industrie, à son commerce, à sa richesse, à l'exercice de ses » antiques et libres institutions? Est-ce qu'elle ne la doit pas » surtout à ces gigantesques efforts que nous lui avons vu faire, » avec tant de persévérance et de sagacité, pour réaliser le » triomphe de quelques grands principes, tels que la liberté de » la presse, l'extension des franchises électorales, l'émancipation » catholique, l'abolition de l'esclavage, la liberté du com- » merce?...

» La France doit son influence à cette chaîne non interrom- » pue de grands hommes, qui commence à Montaigne, Des-

» cartes, Pascal, et passant par Bossuet, Voltaire, Montesquieu, » Rousseau, n'ira pas se perdre, grâce au Ciel, dans la tombe de » Châteaubriand. Oh! que ma patrie ne craigne pas de perdre » son influence tant que son sol sera capable de produire ce » noble fruit qu'on nomme le *génie*, qu'on rencontre toujours du » côté de la liberté et de la démocratie. » L'orateur termine en s'écriant : « Pour qui connaît la faiblesse de notre nature, il est » consolant de penser que l'Intérêt et le Devoir ne sont pas des » forces hostiles, et le cœur se repose avec confiance dans cette » maxime : « Cherchez d'abord la justice, le reste vous sera » donné par surcroît. » (Applaudissements.)

La parole est à M. Richard Cobden. Toute l'Assemblée se lève et fait longtemps retentir la salle de ses bravos et de ses hourras.

L'orateur s'exprime en français. Il dépeint la rivalité qui a existé, depuis une époque reculée, entre l'Angleterre et la France, en ce qui concernait leurs marines respectives et la défense de leurs côtes; car, ajoute-t-il, nous ne prétendons nullement vous égaler en ce qui touche l'armée de terre.

En particulier, « pendant les treize dernières années, » suivant les expressions de l'orateur, « nous n'avons cessé, des » deux côtés du détroit, d'accroître notre marine, d'ajouter à la » défense de nos côtes, de creuser de nouveaux bassins de con» struction et de nouveaux ports de refuge. La quille d'un vais» seau de ligne n'a pas été plutôt posée à Brest que le marteau » commence à résonner à Portsmouth. (Rires.)

» Une nouvelle forge ne souffle pas à Cherbourg, qu'aussitôt » l'étincelle ne jaillisse d'une nouvelle enclume à Plymouth, et » réciproquement. La conséquence a été que la dépense de nos » marines s'est accrue de 50 0/0 en temps de paix. (Nouvelle » hilarité.)

» Ma première objection à ce système est sa suprême folie. » (Rires. — Très-bien!) Car, lorsque les deux pays augmen-

» tent dans la même proportion leurs forces navales, ni l'un » ni l'autre ne gagne au changement, et le résultat est une perte » sèche égale au montant de l'accroissement. (Très-bien.)

» Ma seconde objection s'adresse à son extrême hypocrisie ! » Car, en même temps que ces armements grossissaient d'année » en année sous nos yeux, nos cabinets respectifs ne cessaient » d'échanger les assurances de la plus franche et cordiale amitié. » (Rires et bravos.)

» ... Ma plus grande objection contre ces grands armements, » c'est qu'ils tendent à exciter de dangereuses animosités entre » les peuples, à perpétuer la crainte, la haine, le soupçon, pas- » sions qui, un jour ou l'autre, cherchent instinctivement leur » satisfaction dans la guerre. (Applaudissements.)

» Et c'est là le motif pour lequel le Congrès désire, dans les » termes de la proposition qui nous est soumise, amener les na- » tions à un système de désarmement simultané.

» Et maintenant, comment atteindrons-nous ce résultat ? Il » y a un moyen, c'est d'enseigner à nos gouvernements respec- » tifs ce petit problème d'arithmétique, que, dans les temps passés » du moins, ils semblent toujours avoir ignoré, à savoir que si » deux nations, en temps de paix, ont un armement donné » comme, par exemple, *six*, elles ne seraient pas relativement » moins fortes, en réduisant de part et d'autre cet arrangement » à *trois*, ou même en désarmant complétement. (Applaudis- » sements.)

» Mais nous, contribuables de France ou d'Angleterre, » nous reconnaîtrions au poids de nos poches qu'il y a une im- » mense différence. (Rires.)

» ... Je m'adresse aux gouvernements de l'Europe, et je leur » demande : Pouvez-vous continuer votre système financier » pendant dix ans encore? Tous, peut-être à une exception près, » doivent répondre : Non. Donc est-ce une chose si utopique de » la part de ce Congrès d'attirer leur attention sur ce gouffre

» qui, de leur aveu, est béant devant eux; de les avertir que le » danger d'un désastre financier qu'ils perdent de vue, est plus » imminent que celui d'une invasion extérieure contre laquelle » ils se pourvoient avec tant de diligence? » (Bravos.)

Au commencement de la troisième séance, le discours de M. ÉLIHU BURRITT, de Worcester (Massachusetts), l'ancien forgeron, aujourd'hui orateur éloquent, fut lu, traduit en français par M. Coquerel fils. Ce discours développait les idées des Sociétés américaines sur le « Congrès des nations, la formation d'un Code de lois internationales et l'institution d'une Cour suprême internationale pour juger les différends entre les peuples. »

M. l'abbé DEGUERRY, curé de la Madeleine, assis à côté de M. le président, se lève. (Applaudissements et hourras prolongés.)

« Nous avons pour nous la vérité, s'écrie-t-il, car, nous » avons pour nous l'Évangile (sensation); l'Évangile qui est la » raison humaine restaurée et étendue. (Bravos et applaudisse- » ments.) Eh bien, lisez l'Évangile, et vous y trouverez la con- » damnation de la guerre.

» ... Eh quoi! l'idée de Dieu serait cette situation qui fait de » la terre un champ de bataille où les hommes ne pensent qu'à » s'entre-détruire, à s'écraser! Dieu aurait consacré la gloire » pour celui qui frapperait le mieux et plongerait le plus grand » nombre de ses semblables dans les larmes et dans le sang! » Non! non! ce n'est pas la pensée de Dieu! Non, car la guerre » est une suprême folie, comme l'a dit M. Cobden, une sauvage » extermination, la banqueroute, la misère! » (Applaudissements prolongés.)

« Agissons par la presse, » dit l'orateur en terminant, « par la » parole, par la propagande... nous arriverons! L'Évangile dit » que tout ce qui est vrai est fort contredit. A ce titre, nous de- » vons compter sur le succès. (On rit.) Du reste, nous pouvons » dire avec une certaine satisfaction qu'au moins nous ne ferons

» de mal à personne. (Très-bien !) Ah ! messieurs, je l'espère, » nous verrons bientôt notre idée assise sur un trône resplendis- » sant ! (Applaudissements.) Les arcs de triomphe seront rem- » placés par des palais de l'industrie et du commerce ! Les plus » grands seront ceux qui auront le plus d'amour pour l'huma- » nité. L'égoïsme sera vaincu, et le Christ règnera enfin sur la » terre. » (Toute l'Assemblée se lève d'enthousiasme. — MM. Cobden et Coquerel serrent la main de l'orateur, aux applaudissements de la salle entière.)

Richard Cobden parla une seconde fois, sur la question des emprunts et des impôts destinés à alimenter des guerres d'ambition et de conquête. En réprouvant ce double mode de battre monnaie, son but, disait-il, était de réaliser la paix, en coupant le nerf de la guerre. Il montra ce que cette dernière coûte, et cita une proclamation du général *Haynau*, datée de Pesth, 19 juillet, comme preuve des cruautés, de la sauvagerie et des exactions qui avaient caractérisé et souillé une guerre récente.

« Votre chair frémit, » dit-il, « et vos cheveux se dressent » d'horreur à cette lecture. Eh bien ! je vous le demande, la » guerre a-t-elle emprunté quelque chose aux principes du chris- » tianisme ? Les barbares modernes ont-ils répudié la tradition » des barbares de l'antiquité ? Pour ma part, je ne vois pas de » différence entre Attila et Haynau ; le Goth du cinquième siècle » et le Goth du dix-neuvième siècle. » (Approbation générale.)

Dans une magnifique improvisation, M. Victor Hugo félicita l'Assemblée du succès de cette réunion : « Vous avez, » lui dit-il, « pendant trois jours, délibéré, discuté, approfondi avec » sagesse et dignité, de graves questions et, à propos de ces » questions, les plus hautes que puissent agiter l'humanité, vous » avez pratiqué noblement les grandes mœurs des peuples libres. » (Mouvement.)

» ... Savez-vous ce que nous voyons, savez-vous ce que nous » avons sous les yeux depuis trois jours ? C'est l'Angleterre ser-

» rant la main de la France, c'est l'Amérique serrant la main de » l'Europe, et quant à moi, je ne sache rien de plus beau ! (Explosion d'applaudissements.)

» ... Ce matin, à l'ouverture de cette séance, au moment où » un respectable orateur chrétien tenait vos âmes palpitantes sous » la grande et pénétrante éloquence de l'homme cordial et du » prêtre fraternel, en ce moment-là, quelqu'un, un membre de » cette Assemblée, dont j'ignore le nom, lui a rappelé que le » jour où nous sommes, le 24 août, est l'anniversaire de la Saint-Barthélemy. Le prêtre catholique a détourné sa tête vénérable » et a repoussé ce lamentable souvenir. Eh bien, ce souvenir, je » l'accepte, moi ! (Profonde et universelle impression.) Oui, je » l'accepte ! (Mouvement prolongé.)

» Oui, cela est vrai, il y a deux cent soixante-dix-sept années, » à pareil jour, Paris, ce Paris où vous êtes, s'éveillait épouvanté; » au milieu de la nuit, une cloche, qu'on appelait la cloche » d'argent, tintait au Palais de justice; les catholiques couraient » aux armes, les protestants étaient surpris dans leur sommeil, » et un guet-apens, un massacre, un crime où étaient mêlées » toutes les haines : haines religieuses, haines civiles, haines » politiques; un crime abominable s'accomplissait. Eh bien ! » aujourd'hui, dans ce même jour, dans cette même ville, Dieu » donne rendez-vous à toutes ces haines et leur ordonne de se » convertir en amour ! (Tonnerre d'applaudissements.) Dieu » retire à ce funèbre anniversaire sa signification sinistre ; où il » y avait une tache de sang, il y met un rayon de lumière (Long mouvement.); à la place de l'idée de vengeance, de fanatisme » et de guerre, il met l'idée de réconciliation, de tolérance et de » paix; et, grâce à lui, par sa volonté, grâce aux progrès qu'il » amène et qu'il commande, précisément à cette date fatale du » 24 août, et pour ainsi dire presqu'à l'ombre de cette tour en-core debout qui a sonné la Saint-Barthélemy, non-seulement » Anglais et Français, Italiens et Allemands, Européens et

» Américains, mais ceux qu'on nommait les papistes et ceux
» qu'on nommait les huguenots, se reconnaissent frères (Mou-
» vement prolongé), et s'unissent dans un étroit et désormais
» indissoluble embrassement ! » (Explosion de bravos et d'applaudissements.)

L'émotion est à son comble : les bravos éclatent de toutes parts, les Anglais et les Américains se lèvent en agitant leurs mouchoirs et leurs chapeaux.

Les membres du Congrès se lèvent, et sur un signe de Cobden, ils poussent les neuf hourras britanniques.

L'Assemblée se sépare sous l'impression des plus nobles sentiments.

Telle est l'esquisse de cette mémorable réunion des Amis de la Paix, à Paris, en 1849. En réunissant de nouveau les partisans de la paix, en 1868, en leur rappelant les travaux de leurs devanciers, on ne pouvait mettre sous leurs yeux, dans un temps nécessairement limité, le spectacle de ces séances radieuses, où l'enthousiasme, la foi profonde marchaient unis aux calculs positifs, aux froids raisonnements, pour agiter, comme disait M. Victor Hugo, les plus hautes questions qui intéressent l'humanité.

D'après la promesse qui en a été faite, un jour la *Bibliothèque de la Paix* présentera un aperçu détaillé, quelque chose de plus qu'un sommaire des quatre grands congrès internationaux qui se réunirent à Bruxelles en 1848, à Paris en 1849, à Franfort en 1850, à Londres en 1851. Mais aujourd'hui, en parlant dans la capitale de la France, nous ne pouvions passer entièrement sous silence le mémorable Congrès de 1849, et éviter de présenter, au moins comme épilogue, ce rapide résumé, qui fera désirer, espérons-nous, une prochaine publication plus complète.

Chacun des Congrès de la Paix, depuis celui qui s'est réuni

à Londres en 1843, a fait l'objet de publications séparées, dont nous croyons utile de reproduire les titres :

The Proceedings of the first general Peace Convention, held in London, june 22, 1843, and the two following days. London, Peace Society's Office, 19, New Broad street, 1843.

Congrès des Amis de la Paix universelle, réuni à Bruxelles en 1848. Bruxelles, 1849.

Congrès des Amis de la Paix, réuni à Paris en 1849. Paris, librairie de Guillaumin et Ce, rue de Richelieu, 14; 1850.

Report of the Proceedings of the second general Peace Congress, held in Paris, on the 22nd, 23rd and 24th of August, 1849. London Charles Gilpin, 5, Bishopgate street without, 1849.

Verhandlungen des dritten allgemeinen Friedenscongresses, gehalten in der Paulskirche du *Francfort-am-Main, am 22, 23 und 24 August 1850.* Francfort-am-Main, J.-D. Sauerländer's Verlag, 1851.

Report of the Proceedings of the third general Peace Congress, held in Frankfort, on the 22nd, 23rd and 24th August, 1850. London, Charles Gilpin, 5. Bishopgate street without, 1851.

Report of the Proceeding of the fourth general Peace Congress, held in Exeter Hall, London, on the 22nd, 23rd and 24th July, 1851. London, Charles Gilpin, 5, Bishopgate street without, 1851.

Les publications françaises se trouvent à la librairie Guillaumin, 14, rue de Richelieu, à Paris.

La Société de la Paix de Londres a un organe mensuel sous le titre de : *The Herald of Peace.*

On s'abonne, au bureau de la Société : *Office, n° 19, New Broad street, London, E. C.*

Les résolutions suivantes ont été adoptées par le Congrès, dans les mêmes termes que les avait arrêtées, la veille, un Comité auquel avaient assisté MM. Cobden, Visschers, Richard,

Burritt, J. Scoble, Joseph Cooper, Francisque Bouvet, Coquerel, Cormenin, Victor Hugo, Joseph Garnier, etc.

« Le recours aux armes étant un usage condamné par la religion, la morale, la raison, l'humanité, c'est pour les hommes un devoir et un moyen de salut de rechercher et d'adopter les mesures propres à amener l'abolition de la guerre ; et les Amis de la paix universelle, réunis à Paris les 22, 23 et 24 août en Congrès, ont émis les vœux suivants :

I. » La paix pouvant seule garantir les intérêts moraux et matériels des peuples, le devoir de tous les gouvernements est de soumettre à un arbitrage les différends qui s'élèvent entre eux, et de respecter les décisions des arbitres qu'ils auront choisis.

II. » Il est utile d'appeler l'attention de tous les gouvernements sur la nécessité d'entrer, par une mesure générale et simultanée, dans un système de désarmement, afin de réduire les charges des États et en même temps faire disparaître une cause permanente d'inquiétude et d'irritation entre les peuples.

III. » Le Congrès recommande à tous les Amis de la paix de préparer l'opinion publique, dans leurs pays respectifs, à la formation d'un Congrès des nations, dont l'unique objet serait la rédaction de lois internationales et la constitution d'une Cour suprême à laquelle seraient soumises toutes les questions qui touchent aux droits et aux devoirs réciproques des nations.

IV. » Le Congrès réprouve les emprunts et les impôts destinés à alimenter des guerres d'ambition et de conquêtes.

V. » Le Congrès recommande à tous ses membres de travailler, dans leurs pays respectifs, à faire disparaître, et par une meilleure éducation de la jeunesse, et par toute autre voie, les préjugés politiques et les haines héréditaires qui ont été si souvent cause de guerres désastreuses.

VI. » Le Congrès adresse la même invitation à tous les ministres des cultes revêtus de la sainte mission de nourrir les sentiments de concorde parmi les hommes; ainsi qu'aux divers organes de la presse qui agit si puissamment sur le développement de la civilisation.

VII. » Le Congrès fait des vœux pour le perfectionnement des voies de communication internationale, pour l'extension de la réforme postale, pour la généralisation des mêmes types de poids, de mesures et de monnaies, pour la multiplication des Sociétés de la paix qui seraient appelées à correspondre entre elles.

VIII. » Le Congrès décide que son Bureau est chargé de rédiger une adresse à tous les peuples, de porter les vœux de la réunion à la connaissance des gouvernements, et d'en remettre spécialement une minute entre les mains de M. le Président de la République française. »

« Considérant que le recours aux armes, comme moyen de terminer les différends qui s'élèvent entre les États, est un usage que condamnent également la religion, la raison, la justice et l'humanité; qu'il convient de fixer l'attention des gouvernements et des peuples sur les maux qu'entraîne la guerre, sur les dépenses qu'occasionnent les armements militaires, et sur la nécessité et la possibilité d'entretenir la Paix entre toutes les nations, proclame :

1. — Il est du devoir de tous les Ministres des Cultes, des Instituteurs de la Jeunesse, des Écrivains et des Publicistes, d'employer leur influence à propager des principes de Paix, et à déraciner du cœur des hommes les haines héréditaires, les jalousies politiques et commerciales, qui ont été la source de tant de guerres désastreuses.

2. — En cas de différend que l'on ne parviendrait pas à terminer à l'amiable, il est du devoir des gouvernements de se soumettre à l'Arbitrage des juges compétents et impartiaux.

3. — Les armées permanentes qui, au milieu de démonstrations de paix et d'amitié, placent les différents peuples en état

continuel d'inquiétude et d'irritation, ont été la cause de guerres injustes, de souffrances des populations, d'embarras dans les finances des États : le Congrès insiste sur la nécessité d'entrer dans une voie de désarmement.

4. — Le Congrès réprouve les emprunts dont l'objet est de servir à faire la guerre ou à entretenir des armements militaires ruineux.

5. — Le Congrès désapprouve toute intervention par la force des armes, ou par voie de menaces, que des gouvernements tenteraient d'opérer dans les affaires intérieures d'États étrangers, chaque peuple devant rester libre de régler ses propres affaires.

6. — Le Congrès recommande à tous les Amis de la Paix de préparer l'opinion publique, dans leurs pays respectifs, afin de parvenir au développement et à l'amélioration du droit public international.

7. — Le Congrès réprouve le système d'agressions et de violences employées par des peuples puissants, à l'égard de tribus faibles ; ces actes de violence étant en même temps contraires à la religion, à la civilisation et aux intérêts du commerce.

8. — Le meilleur moyen d'assurer la paix étant d'augmenter et de faciliter les relations d'amitié entre les peuples, le Congrès exprime sa profonde sympathie pour la grande idée qui a donné naissance à l'Exposition universelle des produits de l'industrie. »

PIÈCES CITÉES

Dans le discours du 8 juin

I

TRAITÉ DE PAIX AVEC LA RUSSIE. — CONGRÈS DE PARIS DE 1856.

Extrait du Protocole n° XXIII de la séance du 14 avril.

« M. le comte de Clarendon ayant demandé la permission de présenter au Congrès une proposition qui lui semble devoir être favorablement accueillie, dit que les calamités de la guerre sont encore trop présentes à tous les esprits, pour qu'il n'y ait pas lieu de rechercher tous les moyens qui seraient de nature à en prévenir le retour ; qu'il a été inséré à l'art. 7 (8) du Traité de paix une stipulation qui recommande de recourir à la médiation d'un État ami, avant d'en appeler à la force, en cas de dissentiment entre la Porte et l'une ou plusieurs des autres Puissances signataires.

» M. le premier Plénipotentiaire de la Grande-Bretagne pense que cette heureuse innovation pourrait recevoir une application plus générale, et devenir ainsi une barrière opposée à des conflits qui souvent n'éclatent que parce qu'il n'est pas toujours possible de s'expliquer et de s'entendre. Il propose donc de se concerter sur une résolution propre à assurer dans l'avenir au maintien de la paix cette chance de durée, sans toutefois porter atteinte à l'indépendance des Gouvernements.

« M. le comte Walewski se déclare autorisé à appuyer l'idée émise par le premier Plénipotentiaire de la Grande-Bretagne; il assure que les Plénipotentiaires de la France sont tout disposés à s'associer à l'insertion au Protocole d'un vœu qui, en répondant pleinement aux tendances de notre époque, n'entraverait d'aucune façon la liberté d'action des Gouvernements.

» Après diverses observations de M. le comte de Buol (Autriche), l'acceptation pleine et entière de M. le baron de Manteuffel (Prusse), la demande du comte Orloff (Russie), d'en référer à sa Cour, des demandes d'explication sur la portée de la proposition par M. le comte de Cavour, « MM. les Plénipoten-
» tiaires n'hésitent pas à exprimer, au nom de leurs Gouver-
» nements, le vœu que les États entre lesquels s'élèverait un
» dissentiment sérieux, avant d'en appeler aux armes, eussent
» recours, en tant que les circonstances l'admettraient, aux bons
» offices d'une Puissance amie.

» MM. les Plénipotentiaires espèrent que les Gouvernements
» non représentés au Congrès s'associeront à la pensée qui a
» inspiré le vœu consigné au présent Protocole. »

Extrait du Protocole n° XXIV, séance du 16 avril.

« M. le comte Orloff annonce qu'il est en mesure, en vertu des instructions de sa Cour, d'adhérer définitivement au vœu consigné à l'avant-dernier paragraphe du Protocole n° XXIII. »

II

Différend anglo-brésilien.

« Nous, Léopold, roi des Belges,

» Ayant accepté les fonctions d'arbitre qui nous ont été conférées, du consentement commun de la Grande-Bretagne et du Brésil, dans les différends qui ont surgi entre ces États, à propos de l'arrestation qui a eu lieu le 17 juin 1862, par la garde de la police brésilienne stationnée à Tijoca, de trois officiers de la marine britannique, et à propos des circonstances qui ont accompagné et suivi cette arrestation ;

» Animé du désir sincère de répondre, par une décision scrupuleuse et impartiale, à la confiance que lesdits États nous ont montrée ;

» Ayant à cet effet dûment examiné et sérieusement pesé tous les documents qui ont été produits de part et d'autre ;

» Désirant, afin de remplir la tâche que nous avons acceptée, porter à la connaissance des Hautes Puissances intéressées le résultat de notre examen, ainsi que notre décision, en notre qualité d'arbitre, sur la question qui nous a été soumise dans les termes suivants, à savoir : « Si, dans la manière » d'appliquer les lois du Brésil à l'égard des officiers anglais, » il y a eu offense envers la marine britannique ; »

» Considérant que, etc.,

» Nous sommes d'opinion, que,

» Par la manière dont les lois du Brésil ont été appliquées à des officiers anglais, il n'y a eu ni préméditation d'offense ni offense envers la marine britannique.

» Fait et donné en duplicata, sous notre sceau royal, au palais de Laeken, le 18 juin 1863.

» *Signé :* LÉOPOLD. »

DÉPOUILLEMENT DES LETTRES ADRESSÉES AU COMITÉ DE LA LIGUE OU A SES MEMBRES

A l'occasion de la séance du 8 juin

M. J. J. Campion, gérant du *Progrès*, au nom de la Société centrale des instituteurs belges (Regrets de ne pouvoir assister à la séance et promesse de concours énergique).

M. Beaumarchey, à Aix.

La Chambre de Commerce de Mulhouse, 7 mai.

Mme la comtesse de Vernède de Corneillan, née de Girard, avec envoi de divers écrits de sa famille contre la guerre.

M. H. du Pasquier, de Cortaillod (Suisse). « L'action de la Ligue, dit-il, doit s'exercer essentiellement par ses publications. Si nous arrivions à rendre l'opinion publique complétement hostile à la guerre, si on pouvait surtout l'amener à s'affirmer clairement et énergiquement, il est certain que notre cause serait gagnée. Il y a déjà assurément des progrès réalisés dans cette voie ! » 1er juin.

M. Steinheil, de Rothau (Vosges), 3 juin 1868. « Pour faire efficacement la guerre à la guerre, il faut réagir contre les grandes armées permanentes. *La guerre sort des armées aussi naturellement et aussi nécessairement que la plante procède du grain* qui a été semé. Il faut semer de moins en moins cette armée encasernée, improductive, ruineuse pour le pays, à la fois parce qu'elle coûte et parce qu'elle ne produit pas ; et à proportion que nous réduirons cet instrument de guerre, nous diminuerons les chances de guerres d'ambition et de spoliation.

Ces guerres d'ambition et de spoliation sont défendues par la sainte loi de Dieu ; mais la guerre défensive est légitime, et de même qu'il y a une guerre défendue et une guerre permise, il y a l'armée organisée pour l'offensive et l'armée organisée pour la défense.

Notre nouvelle loi militaire conserve la première en même temps qu'elle institue la seconde qui est la garde nationale mobile. Que faut-il donc faire? Il faut diminuer l'armée active et augmenter d'autant la garde nationale mobile. Si nos députés, au lieu de voter annuellement un contingent de 100 mille hommes, diminuent successivement ce contingent, ils diminueront le chiffre énorme de l'armée casernée, improductive, servant à l'agression, et ils augmenteront dans la même mesure l'armée maintenue au foyer, et vouée au travail productif et à la vie de famille..... J'ai pris envers moi-même l'engagement formel de refuser ma voix à tout candidat qui ne m'aurait pas promis de voter de cette manière. C'est en agissant de la sorte que je serai un vrai ligueur de la Paix. »

M. E. Chastel, de Genève, 1er juin. (Avec des adhésions nouvelles et des vœux pour « *notre vraiment sainte Ligue.* »)

Baron de Dirgardt de Viersen (Prusse rhénane), l'un des premiers fondateurs. 2 juin. Regrets d'être empêché par sa santé.

Altgelt, de Dusseldorf, Prusse rhénane (membre du Comité). Avec 200 fr. expression de ses regrets. « Paris a plus d'une fois éprouvé que son appel au bon sens retentit tôt ou tard dans les palais. »

François Gittens, d'Anvers. Regrets et promesses d'efforts.

Audiganne. Regrets (auteur de l'*Economie de la Paix*).

Martin, de Genève. 16 juin. Nouvelle expression de son zèle (auteur des *Souvenirs d'un ex-officier*).

Alonzo de Beraza, rédacteur de l'*Impartial* et de la *Réforma* de Madrid. 7 juin (Concours constant).

Alfred Geelhand Kervyn, conseiller provincial à Anvers et secrétaire de la Société d'*Économie politique*, empêché par les élections de la chambre des représentants (fixées au 9). « *Le mouvement anti-militariste et, par conséquent, pacificateur prend de plus en plus d'extension en Belgique.* Verviers, Bruges et Anvers surtout, viennent d'en donner une preuve éclatante lors des dernières élections pour le renouvellement partiel des Conseils provinciaux. »

Cortès, *président de la Chambre de Commerce de Bordeaux.* 11 juin. « Vous ne sauriez douter de la sincérité des vœux que forme la Chambre de Bordeaux pour le maintien des bienfaits de la Paix. La guerre est à coup sûr un des plus graves fléaux qui affligent l'humanité, et le commerce est constamment sa première victime. Les blessures qui l'atteignent sont toujours dangereuses, souvent mortelles. »

Le Quertier, 15 juin, instituteur à l'association polytechnique. « La nature a horreur de ces sauvages homicides la raison et la civilisation les condamnent...

Nous appelons de tous nos vœux la liberté. Allons à elle par des voies qui seront d'autant plus intelligentes et sûres, qu'elles seront plus pacifiques. *La liberté est un fruit de la paix*; elle ne saurait être l'œuvre de la guerre. *La guerre, en réveillant toutes les passions violentes, enfante le despotisme. Bannissons-la donc de la surface de la terre!* »

Brosset, *président de la Chambre de Commerce de Lyon.* 3 juin 68. Exprime « sa *vive sympathie pour cette belle institution* et pour les hommes qui l'ont fondée..... Les hommes comprendront un jour que l'humanité tout entière ne doit former qu'une nation, et les idées étroites de nationalité feront place à la fraternité humaine dans la paix. »

De Poggenpokl, collaborateur du *Nord* et de la *Gazette de Moscou.*

Césare Cantu, membre du Comité, Milan, 3 juin. Exprime

ses regrets, rappelle ses travaux déjà anciens sur la *Paix perpétuelle* et la *Paix universelle*.

Docteur CHILD, *secrétaire de l'Universal Peace Society*, et ALFRED LOVE, *président*. 16 et 19 mai 1868. Rendent compte de leur assemblée générale du 15. « Combien n'ai-je pas d'occasions de remercier notre Père céleste de nous avoir accordé les moyens d'échanger nos pensées et nos vœux! Grâce à cette puissance de l'esprit et à la poste qui lui sert d'instrument, *vous étiez présents à notre anniversaire à New-York*, et comme vous l'écrit notre secrétaire, le docteur Child, vos lettres y furent lues en témoignage de cette présence. Nous croyions vous voir à travers cette communication si sérieuse et si animée, et *nous sentions vos cœurs battre pour la paix, à travers le vaste espace de l'Atlantique*. Car les flots ont beau être profonds et agités, la pensée les traverse, et *ils conduisent eux-mêmes l'électrique courant de la fraternité et de la paix*. Votre nom a été inscrit parmi nos vice-présidents. Je joins à ce mot des fragments de la *Tribune*, du *Monde* et du *Herald*. Ces trois journaux, *les plus considérables de New-York*, ont donné de longs et complets comptes-rendus de notre réunion, et je choisis ce qui peut le mieux vous en montrer l'esprit. »

Un peu antérieurement, nous avions reçu du président de la *Société de la Paix universelle d'Amérique* la lettre suivante, qu'il nous a semblé qu'on ne lirait pas sans intérêt :

« Philadelphie, 10 avril 1868.

» Cher monsieur et respectable allié,

» Recevez les remercîments des amis de la *Paix*, dont je suis l'organe, et les miens, pour le *second Bulletin* de votre société et spécialement pour la gracieuse bienveillance avec laquelle vous y avez parlé de notre mouvement de ce côté de l'Atlantique.

» J'ai lu des extraits de votre bulletin, et la totalité de vos lettres, dans nos réunions, et je puis vous assurer que l'effet en a été hautement salutaire. Nous vous envoyons en retour nos plus sympathiques encouragements et l'assurance de notre inaltérable confiance dans le succès de l'œuvre confiée à vos mains.

» Si, comme vous le dites, « nous sommes plus absolus (*ra-* » *dical*) que quelques autres sociétés, » soyez bien assuré que nous obéissons à une conviction profonde et que nous ne faisons que nous montrer tels que nos consciences nous commandent d'être. Nous voudrions que vous pussiez jouir des mêmes libertés que nous, et, par des réunions en tout lieu et en tous temps, arriver à frapper enfin à la porte même des gouvernements jusqu'à ce qu'ils vous entendent.

» Mais il faut, apparemment, que vous appreniez « le travail » et la patience. » Pour nous, le premier pas décisif vers la paix est franchi par notre forme même de gouvernement. J'ose bien dire que nous en faisons l'expérience dans la terrible épreuve par laquelle nous passons en ce moment par la mise en jugement de notre président Johnson, dont les actes ne tendaient à rien moins qu'à la guerre. Je reconnais dans ces événements l'influence croissante de l'esprit de paix, et je vois dans le verdict de cette heure une confirmation manifeste de la force et de l'efficacité des purs et absolus principes de paix. En vérité, quand on ne demande que l'égalité et la justice, et quand en même temps on a la sagesse de ne rien attendre de l'épée et de ne pas approcher ses doigts de la poudre, quand c'est à l'esprit seul et au cœur que l'on a recours ; il n'y a pas de difficulté qui ne puisse se terminer sans violence. Jadis on en serait venu aux mains pour un assassinat comme celui de Lincoln, ou à propos de la révocation d'un secrétaire de la guerre et de la mise en jugement d'un président. Maintenant il semble qu'il y ait dans le pays un pouvoir qui tient le congrès en respect et donne à la cour le temps de procéder à l'aise et de régler toutes les questions controversées. *Si un tel progrès a pu s'accomplir parmi nous, pourquoi ne s'accomplirait-il pas parmi les autres nations ?* C'est à vous, mon digne ami, à y travailler de vos efforts et de vos vœux, c'est à vous à amener enfin l'établissement d'un code et d'un tribunal international qui, en rendant la guerre impossible, permette le licenciement des armées, et prépare ainsi la transformation des instruments de torture, de destruction et de carnage en instruments de travail et de culture, ainsi que c'est le devoir formel de tout peuple qui ose faire profession de christianisme.

• Nous nous sommes occupés (dans notre section pennsylvanienne de la *Société de la Paix*) de pétitionner auprès de la législature pour l'abolition de la peine de mort. Un de nos amis a remué l'Illinois et le Minnesota, et ces deux États viennent *de jeter bas leurs potences*. Les États de Rhode-Island, de Michigan et de Wisconsin en ont fait autant, et nous espérons bien le même résultat à New-York pour l'année prochaine. Si vous avez quelques documents sur cette question, veuillez nous les envoyer.

• Nous avons eu récemment des réunions avec les chefs indiens; et l'un de nos vice-présidents, M. James Peeble (qui doit cette année même visiter votre continent pour le service de la cause qui nous est chère à tous deux), est en ce moment à quelques trois mille milles dans l'ouest avec les commissaires de la paix de Washington, à la rencontre des principales tribus indiennes. L'objet de cette entrevue est de régler définitivement toutes difficultés entre les Indiens et les colons blancs; — et nous n'avons pour cela d'autre plan et d'autre prétention que de faire notre devoir; c'est-à-dire de traiter les Indiens *comme des hommes* et de leur reconnaître *tous leurs droits*.

» Nous avons été honorés des publications de l'*Union de la Paix du Havre;* je réponds par ce courrier. Présentez, je vous prie, nos vœux fervents et nos assurances de sympathie à toutes les sociétés alliées. Je tiens à être en communion avec tous les hommes de bien et de foi, quelque part qu'ils se trouvent : car je ne mets pas de limites à mon patriotisme ni de bornes à mon affection pour l'humanité.

» Dans une récente réunion de notre section pennsylvanienne, il a été résolu que nos dignitaires et directeurs vous enverraient leurs noms comme membres de votre ligue; en retour, nous serions heureux de compter parmi nous quelques-uns des vôtres. Je vous transcris ces noms; et, comme vous aimerez à savoir un peu ce qu'ils valent, j'ajoute un mot sur la situation des personnages qui les portent.

» *Président :* James Mott. Il vient de mourir à l'âge de 82 ans.

» *Vice-présidents* : J. Edward Chapmann, président de la Compagnie d'assurances mutuelles de Philadelphie; Rachel N. M. Townsend, ministre de la Société des amis.

» *Secrétaire :* Henry J. Child, docteur en médecine, spiritualiste et professeur éminent.

» *Secrétaire-adjoint :* Anna M. Wise, dame respectable de cette ville.

» *Trésorier :* Henry M. Laing, négociant.

» *Président du Comité exécutif :* Moi-même; vous avez déjà mon nom.

» *Autres membres de ce Comité :* Lucretia Mott, ministre de la Société; Joseph M. Trimank, négociant; Francis Parker, journaliste; Sarah J. Royers, l'une de nos plus actives philanthropes; Alfred B. Justice, négociant, tous de cette ville; Mary Lightfoot, de la Société des amis à Bucks, Pennsylvanie; Sarah P. Betts, ministre de cette Société, à Montgomery ; John E. Kenderdine, *id.;* Dinah Menderhall, philanthrope active de Chester.

Pennsylvanie; Rebecca S. Hart, *id.*: Gennautourd; Lydia H. Hall, *id.*, Westchester; Samuel Townsend, négociant, Philadelphie; Hannah C. Ambler, de la Société des amis; Ebenezer James, éditeur du *Bond of Peace* (l'*Union de la Paix*).

» Et maintenant un mot d'appel à votre bienveillance et à celle de tous. La prochaine réunion de la *Société de la Paix universelle*, qui sera son second anniversaire, aura lieu le 15 mai, à New-York, à la salle Dodworths; elle durera plusieurs jours. Si vous n'y pouvez assister, *du moins donnez-nous une lettre*, que nous y puissions lire. J'espère que vous aurez encore le temps de le faire. Nous aimerions à avoir des communications de toutes les sociétés européennes.

» Nous convoquons cette assemblée dans le même esprit que les précédentes : *Pas de guerre! pas de sujets de guerre! pas d'instruments de guerre!*

» Et maintenant, uni d'affection et d'estime à la bonne cause et aux fidèles ouvriers de la bonne cause, je reste, cher monsieur, votre ami dévoué.

» ALFRED LOVE. »

Voici le texte de la convocation mentionnée dans la lettre qui précède; on nous saura gré de faire connaître cette pièce caractéristique :

« C'est pour travailler à l'établissement de la paix en nous-mêmes, dans nos demeures, dans la société et entre toutes les nations du globe, que les amis de la paix absolue adressent à tous cette cordiale invitation à leur prochaine assemblée.

» La paix existait dans le commencement. C'est la paix que

sollicitent les prières et les prédications publiques. C'est pour assurer la paix que les gouvernements sont établis. C'est la paix que prescrit le christianisme. C'est pour la paix, enfin, que les armées se vantent de combattre. Et cependant *il n'y a point de paix.* Il faut donc qu'il y ait des obstacles à écarter, des réformes à accomplir dans la pratique de la justice, pour que ces prières ne soient pas vaines et ces prédications inutiles.

» Tout le monde est d'accord pour détester l'injustice, l'oppression, l'esclavage, le vol, la piraterie, la torture et le meurtre : et cependant tout cela est légalement organisé sous le nom de guerre. La vie humaine et les droits naturels sont consacrés par mille déclarations et par le cri de toutes les consciences ; mais ils sont ouvertement foulés aux pieds par les constitutions et par les mœurs. Trop longtemps nous avons vécu sous le règne de la terreur; essayons maintenant de la puissance de l'amour. Nous faisons appel au bon sens populaire. Osons obéir aux inspirations de notre cœur. Soyons loyaux envers Dieu, humains et justes envers les hommes. Sachons souffrir, plutôt que de faire souffrir ; mourir, plutôt que de tuer.

» Que le *désarmement* et l'*arbitrage* s'étendent partout sur la surface du globe. Que des conseils nationaux et internationaux soient établis pour le règlement de toutes les difficultés, sans appel et sans recours au triste pouvoir du glaive.

» Nous nous associons sincèrement aux efforts en faveur de la paix qui sont faits en Europe et ailleurs; des délégués et des lettres de ces sociétés seront présentés à nos réunions. Nous faisons appel à toutes les souscriptions et communications en faveur de notre grande tache. On peut les adresser à notre trésorier, Robert F. Walcott, à Boston, ou à tout autre de nos directeurs. »

Voici maintenant les principaux passages de la réponse de M. Frédéric Passy :

Monsieur et respectable ami,

Ce n'est qu'aujourd'hui (27 avril) que je puis répondre à votre excellente lettre du 10. J'espère que ce n'est pas trop tard, et que nos vœux vous pourront parvenir encore avant la clôture de la grande réunion que vous m'annoncez. Nous tenons beaucoup à être, de cœur au moins, parmi vous en ce moment ; et je puis vous assurer que, sans la distance, plus d'un de nos amis auraient voulu aller faire connaissance personnelle avec vous. J'aimerais pour ma part à faire ce voyage, et il me serait doux de me pénétrer par mes yeux du spectacle de cette libre et féconde activité, de cette persévérance indomptable et de cette foi à toute épreuve, dont vos concitoyens donnent si souvent l'exemple au vieux monde et dont le vieux monde a tant besoin d'apprendre la puissance et la vertu...

Nous nous occupons nous-mêmes en ce moment de notre première réunion annuelle, et ce n'est pas en notre pays une chose aussi facile et aussi simple que dans le vôtre. Nous n'y pouvons, comme vous, appeler *tous les hommes de bonne volonté indistinctement*. Ceux auxquels nous devons compte de l'emploi de leur argent et de l'usage que nous avons fait des pouvoirs qu'ils nous ont laissés, y seront seuls convoqués ; et nous ne chercherons pas à faire de cette assemblée une manifestation bruyante. Telle qu'elle sera, dans ses modestes limites, elle aura, nous l'espérons, une bonne et salutaire influence et servira à raffermir et à exciter le zèle de plus d'un. Il faut bien, comme vous me le dites, « apprendre à travailler et à attendre. »

et nous ne nous sommes jamais imaginé, lorsque nous avons commencé à élever la voix contre la guerre, qu'il suffirait de quelques semaines ou de quelques mois pour en finir avec l'esprit de violence. Nous savons, au contraire, que la tâche est longue; et c'est assez pour nous d'être en droit de penser que nos efforts ne sont pas vains. Nous pouvons, je le crois, sans vanité, avoir cette consolation. Notre second *Bulletin*, dont vous nous remerciez, atteste de véritables progrès. De plus grands, dont il sera rendu compte à notre réunion du mois prochain, ont été obtenus depuis. La guerre, toujours menaçante, recule toujours; elle finira peut-être, de désaveu en désaveu, par être décidément répudiée...

Évidemment, la réaction contre les armements ruineux grandit tous les jours; la pensée d'y mettre fin, pour entrer dans une ère de concorde et de travail, commence à être prise au sérieux; et je ne serais pas surpris (*si quelque immense folie ne précipite pas subitement le monde dans la violence*) qu'avant un an, un grand changement fût accompli dans la politique des principaux États de l'Europe. On a tendu les ressorts jusqu'à l'extrême. On a tout organisé en vue de la guerre, et voici que les peuples épuisés ne veulent plus de la guerre et commencent à sentir et à dire que c'est d'elle que vient le plus clair de leur misère. *Ou il faut leur forcer la main une dernière fois en les précipitant les uns contre les autres*, au risque de tout bouleverser et de faire crouler partout les trônes et le reste, *ou il faut se décider à leur rendre leur argent et leurs enfants, et à les laisser s'enrichir tranquillement par le travail et par le commerce*. Je ne puis, en dépit des mauvais symptômes, m'empêcher d'espérer que c'est cette dernière solution qui prévaudra. En tous cas, notre devoir est de ne rien négliger pour la faire prévaloir... Il est impossible que la vérité ne fasse son chemin. Le roi Frédéric de Prusse, celui qu'on a appelé LE GRAND, disait, au siècle dernier, que, « *si ses soldats réfléchissaient, pas un ne voudrait se battre.* » Aujourd'hui, parmi nous, tout le monde commence à réfléchir; tout le monde, de plus, vote ou peut voter. Il est impossible que tout le monde continue à vouloir se battre, et je m'imagine que nos prochaines élections seront, à cet égard, très-significatives. Notre loi sur l'*organisation militaire*, en faisant sentir à tous, à peu près sans exception, le poids de la conscription, en jetant dans toutes les familles la désolation, l'inquiétude et la crainte de l'avenir, a, je le crois, rendu un grand service à notre cause. Personne ne peut plus être indifférent. La France, d'ailleurs, n'est pas seule, et le reste du monde s'éclaire...

Je vois, *personnellement*, avec un extrême plaisir, ce que vous me dites au sujet de la peine de mort. Il y a longtemps que je professe en toute occasion que *le respect de la vie*, sous toutes ses formes, *est le fond même de la société humaine*, et que si l'on veut enseigner aux violents et aux ignorants la mansuétude et la douceur, il ne faut pas leur donner soi-même l'exemple de la fureur et de la brutalité. Le sang appelle le sang : l'homme qui a vu tuer est moins éloigné de tuer, et l'*échafaud est une infaillible école d'assassinat*. Notre collègue belge, M. Visschers, a fait jadis sur ce sujet une étude intéressante; je tâcherai de vous la faire adresser. Il y est établi entre autres que *presque tous les assassins ont assisté à des exécutions*, preuve que le châtiment n'a pas été pour eux ce que les jurisconsultes appellent « *exemplaire*. » Ce qui le serait à mon avis, ce serait de leur dire : « *La vie humaine est sacrée; si sacrée que même en vous, qui êtes un monstre, la société la respecte; que même en vous, dans votre abaissement, elle honore le divin caractère de l'âme immortelle, et se plaît à nourrir l'espoir d'une régénération qui vous peut faire l'égal des innocents et des bons.* » Honneur à vous encore, messieurs, pour votre foi dans ces grands principes! Honneur à vous aussi pour votre justice — un peu tardive, hélas!— envers les Indiens, vos frères trop longtemps opprimés! Le monde chrétien, dans toute son étendue, a de bien grandes fautes à expier envers le monde qu'il appelle barbare. Va-t-il enfin commencer à les réparer? Dieu le veuille, et puisse bientôt votre exemple être partout suivi comme la règle de la politique nouvelle; ce sera la vraie et la grande politique!

Mais je me laisse, monsieur et ami, aller trop longtemps au plaisir de décharger devant vous mon cœur et de parler de l'avenir meilleur que j'espère, *et que je vois venir*. Le temps me presse, d'ailleurs; et c'est à la hâte que j'achève... Croyez-moi, en toute occasion, monsieur et ami, tout à votre service et soyez assuré, etc.

FRÉDÉRIC PASSY.

ALIOTH, de Nantes, exprime les regrets des principaux sociétaires et adhérents de Nantes, empêchés au dernier moment de réaliser leur projet d'assister à la réunion.

G. MOYNIER, *président du Comité international de secours aux militaires blessés*. « Je serais heureux de contribuer pour ma faible part à une entreprise qui a toutes mes sympathies et dont le succès serait à mes yeux un immense bienfait. *La vraie civilisation doit répudier la guerre*, et j'espère que, grâce aux efforts des valeureux champions de la cause de la paix, *notre siècle pourra bientôt joindre à toutes ses autres gloires, celle d'avoir élevé entre les velléités belliqueuses des grands de la terre, la barrière infranchissable de l'opinion publique*. J'ai d'autant plus à cœur de me joindre à vos manifestations pacifiques que l'œuvre de secours aux militaires blessés, dont je m'occupe, a parfois été accusée de favoriser la guerre en la rendant moins atroce. Je n'ai pas besoin de vous dire que tel n'est point mon sentiment. *Nous ne nous flattons point de parvenir à rendre le sort des victimes tellement enviable que la guerre soit dépouillée de ses horreurs. Quoi que nous fassions, elle sera toujours une calamité de premier ordre et on aura toujours assez de sujets de la maudire.*

Bien plus, *j'estime que nous sommes d'utiles auxiliaires de la Ligue de la Paix;* car en excitant la compassion en faveur des pauvres soldats tombés sur le champ de bataille, nous faisons naître chez nos adhérents le désir bien naturel de voir tarir la source de tant d'infortunes. *Nous allons, quant à nous, au plus pressé : mais nous aimons à savoir que, tandis que nous étanchons le sang qui coule,* que nous assistons et consolons des moribonds, *les membres de la Ligue, animés du même esprit de charité, travaillent à apaiser les passions, à dissiper les préjugés, à rendre, en un mot, le retour du fléau impossible et notre intervention superflue!* »

LE PRÉSIDENT *de la Chambre de Commerce de Mulhouse.* 6 juin 68. Exprime ses regrets et renouvelle l'expression de ses sympathies et de celles de la Chambre.

LE COMITÉ *de rédaction du Journal Franklin.* 3 juin 68. (V. plus loin parmi les journaux cités.)

GEORGES DORNBUSCH, de Londres : « heureux de voir qu'il y ait quelque chose à faire *au milieu de l'électricité militaire dont l'atmosphère française lui paraissait surchargée,* » envoie avec une cotisation de 50 fr. ses vœux et ses protestations contre la guerre et le système des armées permanentes. « Un jour viendra, dit-il, où l'on trouvera d'autres moyens d'arranger les différends internationaux que l'horrible, sanguinaire et brutale méthode de tout décider par la guerre. *Alors nous pourrons prétendre à bon droit au titre de nations civilisées. Jusque-là c'est assez d'être classés parmi les demi-barbares.* »

Docteur G. VARRENTRAPP, du Comité; 3 juin. Francfort. Exprime ses regrets de ne pouvoir *attester par sa présence l'intérêt et la sympathie que l'Allemagne ressent pour cette œuvre* et faire connaître un fait et une vérité qui, à ce qu'il lui semble, ne sont pas assez généralement connus en France : c'est que, en général, et de nos jours surtout, il n'y a aucun peuple qui plus que l'Allemagne désire la paix pour son développement intellectuel, moral et matériel; aucun qui soit plus convaincu que la paix seule assure le progrès et garantit la liberté, tandis que la guerre ne fait que déchaîner les mauvaises passions. *Réflexion, expérience et caractère rendent les Allemands un peuple éminemment pacifique*...... Aucune nation depuis la guerre de Trente-Ans n'a vu tant de fois son territoire devenir le terrain sur lequel ses voisins de l'Est, de l'Ouest et du Nord sont venus s'entre-détruire en semant le ravage autour d'eux. *Nous n'ambitionnons pour l'Allemagne aucune prédominance* dans la famille des peuples européens, *aucune supériorité politique* sur un voisin grand ou petit. Donc, réflexion, expérience et caractère nous imposent la *nécessité de rejeter la guerre en tout cas, hors celui d'une défense contre une attaque directe à notre existence.* JE PENSE QUE L'ALLEMAGNE EN A DONNÉ DES PREUVES ENCORE TOUT DERNIÈREMENT LORS DE LA QUESTION DU LUXEMBOURG. . . .

Je dois cependant, si je veux être vrai, reconnaître qu'en Allemagne (bien qu'il n'y ait, comme je le dis, aucun peuple dont les tendances soient moins guerrières) *le mouvement pour l'œuvre de la paix ne se montre nulle part;* c'est que, par la bouche d'une très-grande partie de vos compatriotes, journaux et individus, *nous entendons proclamer sans cesse*, comme du temps de Napoléon Ier, *la vocation de la France d'être à la tête de l'Europe, d'y exercer une influence dominante et de régler l'équilibre européen en prenant pour point de départ la suprématie de la France à l'égard de toute autre nation.* LA PAIX SERA ASSURÉE EN EUROPE LE JOUR MÊME OU LA FRANCE CESSERA DE S'OPPOSER AU LIBRE DÉVELOPPEMENT DES AUTRES NATIONS. Nous n'avons pas, quant à nous, la moindre envie de prendre à personne un seul village; nous laissons de plein cœur la grande France, comme la petite Belgique ou la petite république Suisse, choisir tel gouvernement qu'elles voudront, impérialiste ou royaliste, monarchique ou républicain, centraliste ou fédératif, avec plus ou moins de liberté que nous n'en possédons; mais nous demandons aussi que l'on nous permette de nous unir en fédération de telle ou telle forme et de faire à notre gré de Francfort ou de Berlin notre centre politique; que l'on reconnaisse ce droit à l'Allemagne, comme la France, l'Angleterre, l'Italie, l'ont exercé; qu'on le reconnaisse franchement et sans arrière-pensée, et la paix sera faite. C'est le seul but de toutes nos aspirations; nous ne pouvons que répéter et répéter encore que *l'Allemagne comme nation, que les Allemands comme individus*, protestants ou catholiques, absolutistes, libéraux et démocrates, que *tous, en un mot, repoussent toute idée d'influence quelconque sur un voisin grand ou petit*, que nous laissons nos voisins faire chez eux librement tout ce qu'ils veulent, et que nous ne parlons ni de prépondérance, ni de renversement d'équilibre, si un autre peuple vient à faire un progrès dans un sens ou dans un autre, à perdre ou à gagner la liberté.

M. Hermann de Fichte, professeur à Stuttgardt, retenu par l'état de sa santé, écrit, le 31 mai, une lettre à peu près analogue. Cette lettre a été déjà publiée dans plusieurs journaux. En voici les principaux passages :

Permettez-moi, — dit M. de Fichte, après avoir exprimé le plus vif regret d'être dans l'impossibilité de venir à Paris.

« . . . . . D'exposer les considérations que j'aurais développées de vive voix si j'avais pu assister à vos assemblées. Je serais heureux de les voir publier dans le même organe qui, l'année passée, avait donné accès à mes franches et sincères communications sur la politique, le *Temps*. Ce journal jouit en Allemagne d'une grande estime, parce que, exempt des préjugés nationaux, il se montre également juste et équitable envers les autres peuples. Vous et vos amis vous serez certainement, comme moi, d'avis qu'à l'occasion des prochaines délibérations des amis de la paix, il ne suffira plus d'exprimer des maximes générales, des désirs, des exhortations en faveur de la paix (nous en avons entendu assez, et cela s'est toujours montré inefficace), mais que le plus urgent sera d'éclairer le jugement des nations européennes sur ce que leurs mutuelles jalousies nationales ont de fol et d'injuste, et de leur faire comprendre en même temps que la guerre est incapable de remédier à cette situation. Pas une seule des questions politiques ou sociales, qui mettent en mouvement l'Europe centrale, ne peut être décidée par la guerre. Ce sont des questions et des luttes intérieures du caractère le plus sérieux que chaque nation doit régler avec elle-même, en repoussant de la manière la plus énergique toute immixtion étrangère.

» L'Allemagne ne veut ni ne peut humilier ou amoindrir la

France; le besoin de la paix n'est ni moins fort, ni moins général chez nous que chez vous. La France, de son côté, ne peut pas nous porter préjudice d'une manière durable; car les deux puissances sont maintenant équilibrées, et la campagne la plus heureuse contre nous ne serait qu'un succès passager, une aventure sans utilité. Nous ne nous unirions que plus fortement contre l'ennemi commun, et la vieille haine nationale, endormie aujourd'hui, se réveillerait avec plus de force contre un voisin qui ne pourrait oublier ses anciennes prétentions.

» La politique française ne réussira pas non plus à semer la discorde parmi nous. L'entraînement vers l'union nationale est trop réfléchi et trop irrésistible pour admettre une entrave durable. Le parti politique, l'homme d'État qui se rendraient suspects de pareilles influences, se trouveraient irrévocablement jugés par l'opinion publique. Il y a peu de jours, les manifestations des hommes d'État dirigeants du Sud et des différents partis ont mis ces sentiments en évidence, et ont écarté jusqu'au dernier doute à cet égard. Je ne sais qui de mes compatriotes allemands assistera à votre assemblée, mais qu'il appartienne à n'importe quel parti, sur ce point capital, il ne se prononcera pas autrement que moi, j'en suis sûr.

» Si au-delà du Rhin on reconnaît tout cela — et une illusion à ce sujet est à peine possible — pourquoi cette hâte dans les armements dont les progrès nous sont annoncés morceau par morceau, moitié comme une menace, moitié comme un avertissement, pendant que les déclarations officielles du gouvernement abondent en assurances pacifiques? La presse libérale de la France et différents députés ont exposé dans des termes éloquents tout ce que cette contradiction a de choquant. Les amis de la paix devront appeler l'attention sur cette anomalie et sur les dangers qui en résultent. Si la France n'est pas menacée d'une attaque, ce dont personne ne doute, et si elle augmente néanmoins ses armements, il s'ensuit avec la simplicité d'un problème d'arithmétique qu'elle nourrit des projets belliqueux pour un temps plus opportun. L'Europe serait peut-être obligée de supporter cette menace constante, si telle était la volonté bien prononcée de la nation française, mais tel n'est point le cas ; ce besoin de guerre n'a sa source que dans l'inquiétude ambitieuse d'un petit, mais puissant parti, qui voudrait faire passer ses propres appétits pour la voix de la nation. Protester contre ce mensonge notoire me paraît devoir être le premier et le plus important devoir de la Ligue de la paix. Les applaudissements unanimes de l'Europe accueilleront ce vote. Je n'ai pas besoin d'excuser devant vous la franchise de mes énonciations. Pour me rendre digne de figurer parmi les membres de la Ligue de la paix, je devais parler ainsi ou me taire. Encore une fois merci, avec un souhait cordial pour un résultat efficace de vos efforts importants et dévoués.

Stuttgardt, 31 mai 1868.

S.-H. de Fichte.

M. F. Rauchfuss, rédacteur de la *Nouvelle Gazette de Zurich*, écrit, à la date du 6 juin 1868, dans le même sens.

Il s'excuse de ne pouvoir assister à l'Assemblée générale de la Ligue de la Paix, dont il approuve entièrement le but et les tendances.

Puis pour réaliser le programme de la Ligue, M. Rauchfuss propose ce qui suit :

La Société de la Ligue de la Paix devrait publier une brochure dans laquelle serait mise en relief la vraie signification des événements qui ont eu lieu en Allemagne en 1866.

Dans ce travail, on insisterait sur les points suivants :

1° En 1866, l'Allemagne a tenté de faire ce que la France,

l'Angleterre et quelques autres Etats ont fait depuis des siècles : elle a voulu réaliser son unité nationale. Cette tendance vers l'unité est irrésistible en Allemagne ; c'est là une nécessité historique.

2° L'Allemagne n'a aucune raison et aucun désir de provoquer la France. Avant 1866, la Prusse, par son désir de s'agrandir, pouvait donner de l'inquiétude à la France; mais aujourd'hui qu'elle a réalisé ce projet d'agrandissement, son plus grand désir serait de vivre en paix avec la France.

3° Insister sur le principe qu'aucune nation n'a le droit de s'immiscer dans les affaires intérieures d'une autre nation.

4° Faire comprendre que même dans le cas où la France, après une campagne heureuse, s'emparerait des provinces rhénanes, elle n'aurait fait aucune conquête sérieuse. Loin de là, elle aurait exalté le patriotisme allemand et aurait préparé une nouvelle guerre à outrance.

5° Démontrer que, si l'Allemagne témoigne de la méfiance à l'égard de la France, la cause en est dans l'attitude hostile de la plupart des journaux français, lesquels réclament la frontière du Rhin.

6° S'attacher à faire comprendre qu'il n'y a rien de blessant pour la France dans le fait que l'Allemagne du Sud a déclaré qu'en cas de guerre elle ferait cause commune avec la Confédération du Nord : l'Alsace, quoique ancienne province allemande, avait fait une déclaration analogue en faveur de la France à l'époque de la question du Luxembourg.

M. Rauchfuss propose également que la Ligue intervienne auprès des principaux journalistes français pour les engager à agir dans le sens indiqué, et pour obtenir d'eux l'assurance qu'ils n'accueilleront dans les colonnes de leurs journaux aucun article de nature à fausser les rapports qui existent ou devraient exister entre la France et l'Allemagne.

Il engage encore la Ligue à faire paraître des publications

hebdomadaires, dans lesquelles elle s'attacherait à éclairer le public sur le véritable état des choses.

M. Rauchfuss fait observer que le traité de Prague reconnait formellement aux États allemands le droit de s'unir politiquement. Ce serait donc à tort que le Gouvernement français prétendrait intervenir dans les affaires allemandes en s'appuyant sur le traité de Prague.

LE PRÉSIDENT *de la Chambre de Commerce de Toulon* exprime ses regrets et les *remerciements de la Chambre pour les publications de la Ligue.* Il fait savoir que pour l'aider dans son œuvre, *cette Chambre a voté sur son budget courant une somme de 60 fr.*, regrettant que l'exiguïté de ses ressources ne lui ait pas permis de faire davantage.

Mme HIPPOLYTE MEUNIER. 6 juin 68. « Pourquoi donc appelai-je la paix du fond de mon âme? Je n'ai pas, moi, quatre fils à épargner ; mon sacrifice ne sera ni accru, ni diminué ; j'ai *tout* (1) donné en une fois à cette ingrate patrie. Cependant, le dirai-je, il m'est très-doux de travailler encore pour elle...... Si de semblables efforts étaient tentés avec ensemble, avec ferveur, la cruelle ignorance qui met en branle les armées, ne résisterait pas dix ans. Nous irions porter nos pensées, nos âmes, le fruit de notre expérience, de nos douleurs, de nos vouloirs à ces masses dignes de toute initiation et condamnées à la barbarie des ténèbres. Lumière, soleil, grand jour de justice ; des oiseaux chantent en saluant l'aurore. »

(1) M. H. Meunier, officier du génie du plus grand mérite et homme du cœur le plus noble, a été tué au siége de Puebla. Il était du nombre, plus grand qu'on ne croit, de ces officiers sans peur et sans reproche qui, précisément parce qu'ils sont sans peur et sans reproche, détestent la guerre et savent pourquoi elle mérite d'être détestée.

Docteur EMILE BERTIN. Montpellier, 10 mai 1868. Je voudrais avoir autant de confiance dans les résultats des efforts de la Ligue, que j'ai de désir de voir triompher ses principes : mais j'estime que refuser de s'allier à une bonne cause parce que ses chances paraissent encore incertaines, c'est contribuer à diminuer volontairement les chances d'un succès que l'on souhaite.

Mlle AUBERT. Sutton-Surrey. « Ce que j'ai pu remarquer plus d'une fois, tout en ne le comprenant guère, c'est qu'il y a des gens qui n'aiment pas tant la paix qu'ils le disent. La guerre est pour un grand nombre une source d'excitation qui ne leur déplaît pas, une tragédie vue à distance, un récit palpitant à lire chaque matin. « *Nous avons dans notre cœur un autel pour les divinités malfaisantes,* » et le côté poétique de la guerre me semble en être une, même pour les femmes. Aussi faut-il, dans vos publications, la dépouiller de sa grandeur et de son cruel héroïsme, plus encore qu'en montrer les douleurs. Il faut insister surtout sur son effroyable démoralisation...... *Dépoétiser la guerre et faire honte, honte de l'amour secret qu'on lui porte trop souvent, lorsqu'on pense échapper soi-même à ses déplorables effets*, et la contempler à distance, voilà ce qu'on ne peut trop faire. »

ROZY, Professeur à la Faculté de droit de Toulouse. « Comme simple particulier, comme professeur de droit, comme professeur d'économie politique, je ne laisse jamais passer une occasion de protester énergiquement contre les *égoïsmes nationaux*, contre la *folie des armements ruineux*, et contre les *déplorables conséquences de l'esprit militaire.* »

Elihu Buritt. Retenu par ses fonctions de consul à Birmingham..... En vérité, au degré de civilisation où nous sommes parvenus, quand les fils électriques, traversant de toute part la terre et la mer, sont en train de devenir comme le système nerveux du grand corps unifié des nations, *ce n'est plus seulement la possibilité, c'est la pensée même de la guerre* qui devrait être à jamais bannie de la chrétienté.

M. Pastor, sénateur, ancien ministre, etc., membre du Comité, Madrid, 6 juin, renouvelle ses vœux.

L'ASSOCIATION RÉFORMISTE DE GENÈVE

Messieurs,

Nous rédigeons sous la forme la plus brève les considérations suivantes que nous recommandons à votre bienveillante attention, vous priant, si la chose est possible, d'en faire la lecture dans une de vos séances.

Vous voulez travailler à l'établissement de la paix ; et pour atteindre ce grand résultat, vous vous adressez à l'opinion publique. *L'opinion, Messieurs, sera pour vous. Sauf les cas d'oppression intolérable ou d'agression manifestement injuste, les peuples veulent la paix.* Mais, Messieurs, pour que l'opinion gagnée à votre cause assure le maintien de la paix, il faut qu'elle agisse sur les corps politiques qui décident la guerre. Or comment l'opinion d'un peuple agit-elle légalement et régulièrement sur les pouvoirs politiques ? Par l'élection des corps eprésentatifs. Entre les moyens d'obtenir la paix, il faut donc ignaler, sans exagérer l'importance de ce moyen, mais sans la néconnaître, *la vérité de la représentation nationale.*

C'est sur ce point que nous venons attirer votre attention.

Des travaux tous les jours plus nombreux et des discussions parlementaires récentes ont démontré que le système actuel les élections, qui laisse désigner les représentants de tous par la seule majorité des électeurs, a les deux conséquences suivantes :

1° Les électeurs sont jetés de force dans deux partis seuls en présence qui se disputent la représentation devenue un monopole.

2° La majorité d'un corps représentatif élu par ce système ne représente pas la majorité des électeurs. La représentation nationale est faussée au profit du parti dominant.

Voyons le rapport de ces deux vérités incontestables avec l'objet de vos préoccupations.

La division forcée des électeurs en deux partis, et les excitations auxquelles il faut recourir pour obtenir des majorités habituellement factices, créent des luttes artificielles, et provoquent les passions hostiles. Chaque élection est comme le germe d'une guerre civile.

L'assemblée née de la lutte des partis exprime le triomphe de l'un. Ce parti dominant peut avoir intérêt à susciter une guerre étrangère, comme une affreuse diversion aux embarras qu'il rencontre à l'intérieur. La guerre peut donc être décrétée légalement, mais contrairement à l'opinion générale, parce que la nation n'est pas véritablement représentée dans le corps qui doit contrôler les actes du gouvernement. Ainsi aux guerres voulues, ou du moins acceptées par les peuples qui en supportent les conséquences, s'ajoutent des guerres politiques dans lesquelles les nations sont entraînées malgré elles.

Supposons maintenant, selon le principe nouveau qui a aujourd'hui des défenseurs dans tous les pays du monde, supposons une assemblée où, une part proportionnelle de députés étant accordée à tous les groupes d'électeurs librement réunis, le pays soit représenté comme il est. Les gouvernements et les chefs de partis seront placés sous le contrôle de réunions d'hommes qui exprimeront le véritable vœu des nations. Les luttes électorales, qui sont un affreux contre-sens, n'existeront plus; le germe électoral de la guerre civile aura disparu. Les guerres étrangères qui ont un caractère national, parce qu'elles sont le résultat de grandes iniquités ou de grandes passions, resteront. Mais les guerres politiques deviendront impossibles. Des représentations nationales vraies n'y consentiront jamais.

Il existe donc dans la vérité de la représentation un préservatif contre les déchirements intérieurs, et contre la guerre étrangère. Mais la vérité de la représentation ne peut être obtenue que par une réforme du système électoral qui substitue au principe de la lutte de deux partis le principe de la représentation équitable de tous.

Le principe actuel, entaché d'injustice et de fausseté, est un principe de guerre. Le principe nouveau, conforme à la justice et à la vérité, est un principe de paix. La cause de la paix et la cause de la réforme électorale sont ainsi reliées par une solidarité étroite que la réflexion met en pleine lumière. C'est pourquoi, Messieurs, au nom de la paix, dans *les intérêts de votre noble et sainte cause, qui est aussi la nôtre,* nous vous prions d'accorder une attention sérieuse à la question du changement du principe des élections, telle qu'elle est maintenant posée, sur presque tous les points du globe, par des hommes appartenant aux opinions les plus diverses, mais réunis dans le commun sentiment des droits de la justice et des bienfaits de la paix.

Agréez, Messieurs, avec tous nos vœux pour le succès de vos

assemblées, l'assurance de notre sympathie et de notre considération.

Genève, le 5 juin 1868.

Pour le Conseil de l'Association réformiste de Genève :
Ernest NAVILLE, *président du Conseil.* AMBERNY, *président du Comité d'administration.* André ALLIEZ, *secrétaire du Comite d'administration.* Eugène DES GOUTTES, *secrétaire du Conseil.*

A la pièce précédente était jointe une lettre personnelle de M. E. NAVILLE:

Voici maintenant un aperçu des journaux qui ont, à notre connaissance, mentionné avec bienveillance la *Ligue de la Paix* et la séance du 8 juin.

Gazette d'Italie, du 14 juin 1868. Dans sa *correspondance de Paris* du 8.

L'Impartial de l'Est, du 22. *La question de la guerre et la Ligue de la Paix.* Article de fond de M. Saucerotte.

Revue de l'Instruction publique, 11 juin 1867.

La Gironde.

Journal des Débats, articles de M. G. de Molinari.

Le Progrès, journal de l'éducation populaire, publié par la Société centrale des instituteurs Belges.

En février, ce journal, annonçant la fédération des instituteurs belges, félicitait son pays de posséder, sans dépense aucune, la première légion de « l'armée qui détruira les armées, » c'est-à-dire la sainte phalange que béniront les races futures, parce qu'elle détruira, dans leur ignoble source, — l'ignorance, — les préjugés stupides qui, en plein dix-neuvième siècle, lancent encore les peuples contre les peuples, ou les réduisent à la misère pour entretenir des millions de soldats, arrachés au travail, à la famille, à la moralité, au bonheur.

Le 7 juin, il écrivait ces lignes que nous reproduisons textuellement, tout en trouvant un peu excessifs peut-être les mots qui les terminent :

« A notre bien grand regret, il nous est tout à fait impossible d'assister, même par la présence d'un seul délégué, à la séance solennelle de demain, 8 juin. Retenus par les devoirs de nos fonctions, nous ne sommes libres de quitter le pays que pendant le mois de septembre, et empêchés ainsi d'échanger en d'autres temps nos aspirations et nos espérances avec les hommes généreux, les véritables citoyens du monde, qui veulent comme nous que le genre humain soit une famille et la terre un Eden dans lequel chaque créature de Dieu ait sa part de bonheur et de liberté.

» Soldats de l'ARMÉE QUI DÉTRUIRA LES ARMÉES, nous eussions avec joie fait connaître à la grande Assemblée du 8 juin que la Belgique possède plusieurs cohortes qui seront légions demain, et qui ne le cèdent à aucune en ardent amour de la fraternité universelle, en conviction profonde que le crime le plus impie, le plus abominable forfait, le seul qui ne puisse trouver grâce devant l'Eternel, c'est la guerre, la guerre de conquête, la guerre entreprise dans l'unique intérêt de leur ambition par des monstres sans cœur et sans foi, assez rusés pour exciter par des sophismes les passions des peuples aveuglés. »

Ce journal a depuis continué à propager nos idées.

L'Opinion Nationale, du 10 juin. Article de fond sur la séance de la *Ligue,* par le rédacteur en chef, M. A. Guéroult. M. A. Guéroult avait donné dans les numéros précédents une série de six articles sur *l'utopie de la paix européenne*, qui méritent au plus haut degré l'attention, et que nous regrettons de ne pas voir réunis en brochure. Le dernier, du 4 juin, se termine ainsi :

« La guerre, qui était la plus brillante industrie de l'antiquité, le moyen le plus noble d'acquérir de la richesse, est devenue pour les modernes une mauvaise affaire, l'équivalent de la banqueroute et de la famine. D'autre part, les idées de gloire qui s'attachaient à la valeur personnelle, disparaissent progressivement, depuis que la mécanique et la chimie dominent souverainement l'art militaire. A quoi sert le courage, la discipline, toutes les vertus guerrières, devant une mitrailleuse qui vous fauche un corps d'armée comme un moissonneur fauche une prairie?

» Aujourd'hui, sur les champs de bataille de la guerre, comme sur ceux de l'industrie, l'outillage fait tout, l'homme disparaît, la machine triomphe, et le noble métier des armes n'est plus qu'une charcuterie savante, où les raffinements de l'art de tuer, qui faisaient autrefois la gloire du général, n'appartiennent plus qu'à l'ingénieur, à l'inventeur de machines; le soldat et l'officier lui-même se trouvent réduits de plus en plus à l'état de chair à canon.

» On raconte qu'aux États-Unis, dans je ne sais plus quel État qui élève beaucoup de porcs, le génie mécanique de ce peuple, toujours pressé, a inventé une machine qui est un chef-d'œuvre de l'esprit humain, appliqué au débit de la chair de porc. L'animal, entré vivant dans la machine, en sort par un autre bout, sous forme de jambons, de saucisses et de boudins. En quelques tours de roue, il a été saigné, flambé, dépecé, salé, cuit à point, et tout prêt à être livré à la consommation.

» Nous admirons beaucoup cette heureuse application du génie de la mécanique; mais il y a en nous quelque chose qui se révolte à la seule pensée que l'espèce humaine puisse être soumise, à son tour, à des expériences de ce genre. On prendra cent mille, deux cent mille jeunes gens, les plus beaux, les plus vigoureux, les plus braves; on développera chez eux toutes les forces du corps, de l'intelligence et du cœur; puis, après quelques années de préparation, cette élite de la nation sera livrée à l'action de quelques machines perfectionnées, qui, en quelques heures, nous rendront deux cent mille cadavres. Puis les prêtres chanteront des *Te Deum* au dieu des armées, et l'on contera au peuple français qu'il s'est couvert de gloire.

» Disons plutôt que c'est la honte de notre époque qu'on puisse encore prévoir sérieusement de pareilles atrocités, et faisons en sorte que de semblables hécatombes, si, par impossible, elles devenaient encore nécessaires, ne puissent être offertes qu'au salut de la patrie, et non à la gloriole des militaires ou au caprice des souverains.

» AD. GUÉROULT. »

The Herald of Peace, Londres. Voir dans le numéro du 1er juin, le compte-rendu de la séance annuelle de la Société de la Paix de Londres, et dans celui du 1er juillet et 1er août, le compte-rendu de la séance de Paris.

La Meuse, journal de Liége.

Le journal des villes et campagnes, 10 juin, article de M. L. Dupuich, sur la séance du 8.

L'Economiste belge, notamment le 13 juin 1868.

The Non-Conformist, Londres.

National Anti-Slavery Standard, New-York.

The Bond of Peace, Philadelphie.

L'Union suisse, Genève. Article sur la *Ligue de la Paix,* et feuilleton intitulé *les Fleurs et les Armées,* par J. Petit Senn.

Journal des Economistes, mai et juin 1868.

L'Impartial de Boulogne-sur-Mer.

Le Croisé, 13 juin 1868, réponse à l'*Univers* et au *Figaro,* par G. Seigneur. M. G. Seigneur a publié depuis, sous le titre de *la Ligue de la Paix,* un appel spécial aux catholiques;

Le Daily News, de Londres, article considérable sur l'assemblée de Paris.

Le Temps, chronique du 10 juin et jours suivants, par X. Feyrnet. Depuis le 1er juillet le *Temps* contient chaque quinzaine un *bulletin* de la *Ligue de la Paix*.

Le Libéral de Seine-et-Oise.

Le Phare du Littoral de Nice.

Le Phare de la Loire de Nantes, 11 juin.

Le journal de Nice, 30 juin et jours suivants.

Le Franklin de Liége.

Par une lettre du 3 juin, le Comité de rédaction, en exprimant son regret de ne pouvoir être représenté à la séance du 8, renouvelle « *l'expression de son dévouement absolu et la promesse de son concours énergique*. L'abolition de la guerre, dit-il, est le commencement de la civilisation et la résultante des efforts de tous ceux qui, par des voies différentes, travaillent à l'œuvre du progrès. »

Le Figaro du 6 juin, *lettre d'un utopiste* au prince Humbert, par H. de Coulanges : satire sanglante et irréfutable de la guerre à tous les points de vue.

Le *Figaro* a parlé depuis, en termes moins sérieux, de la séance du 8. C'est au moins une preuve que l'attention publique avait été frappée.

Nous savons que beaucoup d'autres journaux de province et de l'étranger surtout, ont parlé de notre séance avec bienveillance.

On nous signale notamment, au dernier moment, les journaux de la Prusse-Rhénane, et tout spécialement l'attitude très-décidément pacifique du JOURNAL DE FRANCFORT, et de la GAZETTE DE MANNHEIM.

Nous ne pouvons malheureusement, mentionner que ceux que nous avons entre les mains ou dont il nous a été parlé par nos amis.

Nous terminerons par le titre de quelques-unes des nombreuses publications qui nous ont été adressées.

La Question électorale en Europe et en Amérique. Rapport présenté à l'Association réformiste de Genève, par Ernest Naville, président du Conseil de l'Association.

Les bienfaits de la Paix, extraits du poëme **les Factions,** par le chevalier de Girard. Nouvelle édition, 1854.

L'Ère nouvelle; nécessité d'un code international et d'un tribunal arbitral des nations, par Jean-Baptiste de Ferrer, chez Plon, 1863.

Collection des **Petits pamphlets illustrés** de la Société de la Paix à 1 sch. 1/2 (environ 1 fr. 75) le cent. Au siége de la Société, 19, New-Broad street.

Te Deum laudamus. Poésie par Albert Richard. Genève.

La Guerre et la Charité, Traité théorique et pratique de philanthropie appliquée aux armées en campagne, par G. Moynier, président de la Société Génevoise d'utilité publique, etc., et le docteur L. Appia, membre du Comité international, ancien président de la Société médicale de Genève, etc.

L'Exposition universelle, poëme didactique en 15 chants, par Antoine-Gaspard Bellin. (Se termine par un appel à la Paix et au règlement amiable de tous les différends.)

Conférences internationales des Sociétés de secours aux armées de terre et de mer, tenues à Paris en 1867, 2 volumes, offerts par le comte Sérurier.

Des secours volontaires en temps de guerre, par le Dr Feigneaux, Bruxelles, 1866. Henri Manceaux.

Invention de nouvelles armes de guerre imprenables et invincibles dites les armes de la Paix, par B. C. Pinguet. Dentu, 1861.

Le cri de l'humanité, par de Girard, de Lourmarin, Paris, l'an IX.

Lettre et Mémoire à l'Empereur, sur le Recrutement de l'armée, par le Dr Ballard, avec une lettre d'envoi.

La Guerre, l'idée d'un Congrès et le service militaire obligatoire, au point de vue de la civilisation et de l'humanité, par un ami de la vérité. Prague, 1868, chez Steinhauser.

Brochure tendant à démontrer, entre autres choses, que les Etats, faute de moyens réguliers pour modifier pacifiquement leurs territoires, leurs institutions politiques ou leur état social, sont fatalement conduits aux transformations violentes par la révolution et la guerre ; d'où la nécessité d'un Congrès ou représentation supérieure des nations, dont la tâche serait de faciliter les évolutions de l'humanité en écartant les causes de conflit intérieur et extérieur.

Abolition de la guerre internationale, rapport et projet de loi présenté à la chambre des députés du Parlement italien, par le député Benedetta Castiglia, 1868.

Un membre de la Ligue, M. Poisson, avait fait passer au bureau, pendant la séance, un *Projet de vote* par lequel il demandait qu'un « appel fût fait à toutes les puissances européennes, en vue d'une entente commune tendant à consolider et conserver la paix, et que l'assemblée votât à l'avance des remerciements aux gouvernements qui, les premiers, prendront cette généreuse initiative, et appelât sur eux la bénédiction des peuples. »

Cette proposition, n'étant pas prévue par l'ordre du jour et n'ayant pu être examinée en temps utile par le bureau, n'a pu être communiquée à l'Assemblée. Nous croyons devoir la mentionner ici, comme évidemment conforme aux sentiments de tous.

Une autre personne, à la sortie de la séance, nous a fait remettre une note fort intéressante dans laquelle, avec une extrême bienveillance d'ailleurs, on nous reproche de ne pas nous attaquer directement à l'article de la Constitution qui investit le souverain du droit de paix et de guerre. Nous prenons la liberté de faire observer à notre honorable coopérateur, que les chemins les plus courts sont souvent les plus longs, quoi qu'il en semble, et que notre rôle, en tant qu'œuvre internationale, n'est pas de prendre à partie telle ou telle constitution spéciale, à plus forte raison celle de notre pays. En fait, sachons le reconnaître, c'est toujours l'opinion qui prononce, quelles que soient les formes légales; et il est trop commode de rejeter ses fautes sur autrui en s'abritant derrière un texte de loi et de constitution. Convertissons l'opinion accoutumons-la à se manifester sans hésitation et sans détours; et soyons tranquilles sur le reste.

Nous avons encore reçu, le jour de notre réunion, la petite communication suivante, qui nous a paru devoir être lue avec intérêt.

LES VOISINS DE LA FRONTIÈRE DU NORD-EST

Les concours régionaux d'agriculture viennent de finir. Partout ils ont été, suivant la coutume, l'occasion de fêtes et de manifestations accessoires qui méritent, à divers titres, l'attention. Orléans et Rouen ont été visités par l'Empereur. On sait ce qu'est pour une ville de province, sous le régime où nous vivons, la présence des souverains. C'est un avantage fort envié, mais nécessairement réservé à un petit nombre de privilégiés. Metz a dû se résigner à la privation de cette inestimable faveur. Les fêtes du concours d'agriculture pour la région extrême du nord-est y ont eu exclusivement un caractère populaire qui, franchement accentué, n'est pas indigne de tout intérêt, et dont il nous semble utile de faire connaître certains traits particuliers.

L'administration municipale de la ville de Metz avait fait appel, pour cet objet, aux sociétés locales des Régates, du Tir, de l'Orphéon, de Sainte-Cécile, etc. Des luttes brillantes à l'aviron et à la carabine, des concours de chant, des distributions solennelles de prix aux vainqueurs, — telles ont été les principales fêtes de ces belles journées. Des invitations à y prendre part avaient été lancées dans toutes les directions. Nos voisins allemands s'y sont rendus avec un cordial empressement.

On comptait avec raison sur les tireurs de Sarrebruck qui, en effet, sont arrivés en grand nombre ; mais on n'osait guère espérer la venue d'aucune des sociétés musicales de la province Rhénane, puissamment attirées d'un autre côté par les grandes fêtes annuelles qui se donnaient à ce moment même à Cologne. Cependant la *Liedertafel* de Trèves, conduite par son président, s'est rendue à Metz, où sa bannière s'est fraternellement rapprochée de celles des sociétés françaises, et où elle a pris, avec celles-ci, sa part des concours et des récompenses.

Rien de plus cordial que l'attitude réciproque de la population messine et de nos voisins d'au-delà des frontières pendant les deux journées que ceux-ci ont passées à Metz ; rien de plus sympathique que les témoignages des bons sentiments donnés et reçus ; rien de plus libéral que les communications d'idées échangées de part et d'autre.

Le président de la société allemande a tenu hautement à diverses reprises, au nom de ceux qui l'avaient mis à leur tête, le langage le plus significatif à cet égard, dans de chaleureuses improvisations, parmi lesquelles nous voulons signaler surtout celles qu'il a fait entendre dans les trois circonstances suivantes : — d'abord en réponse au maire de Metz, lorsque au début de la première journée, ce magistrat, accompagné du conseil municipal tout entier, a fait, au nom de la ville, le compliment de bienvenue et offert le vin d'honneur aux quinze cents membres des sociétés, groupés sur la place de l'Hôtel-de-Ville ; ensuite au banquet public auquel avaient été invitées par la ville, les principales autorités civiles et militaires du département de la Moselle et des départements voisins, avec les premiers lauréats des concours et les présidents de diverses associations ; — troisièmement, enfin, à la suite de la sérénade, donnée spontanément, à la fin de la dernière journée, par les sociétés de musique à Ambroise Thomas, venu, en bon Messin, s'associer aux fêtes de la vieille cité qui s'honore de le compter parmi ses plus nobles enfants.

A ce dernier moment, qui touchait à l'heure de la séparation, les meilleurs sentiments de sympathie réciproque, éclatèrent de toutes parts, et dans les paroles échangées on proclama des vœux plusieurs fois répétés pour l'union durable des deux grandes familles Allemande et Française.

Le lendemain, après un trajet de quelques heures, les Trévois se retrouvaient dans leurs murs, et communiquaient autour d'eux l'impression qu'ils rapportaient de leur visite à Metz. Avant la fin du jour, ils adressaient au Maire de cette ville le télégramme suivant, publié aussitôt et recueilli par la population messine avec une vive satisfaction :

« M. le maire de Metz, — arrivés à Trèves, nous portons un » toast mille fois répété à toute la ville de Metz, — *la Liedertafel.* »

Voilà un témoignage vrai de sentiments excellents dont il faut favoriser le développement et l'extension. Ils peuvent serrer entre les peuples des liens, qui ne le céderaient assurément point en solidité à ceux plus solennels, mais non pas plus sincères, qu'essaie parfois de nouer la diplomatie des souverains.

Metz, 6 juin 1868.

AUG. PROST

Au dernier moment enfin, et lorsque déjà nous avions achevé la dernière lecture des épreuves, nous recevons la lettre suivante, à laquelle nous nous hâtons de faire une place dans notre volume :

AMBASSADE DE PRUSSE EN FRANCE.

Paris, 18 Juillet 1868.

Monsieur,

Par votre lettre du 26 Mai, vous avez bien voulu annoncer Sa Majesté la Reine que la Ligue de la Paix était sur le point de tenir sa première assemblée générale annuelle, et Lui soumettre en même temps quelques publications attestant l'activité humanitaire déployée par la Ligue.

Sa Majesté la Reine ayant lu ces communications avec un grand intérêt, je viens d'être chargé et j'ai l'honneur d'exprimer au Comité de la Ligue les remerciements de Sa Majesté, et de lui dire qu'Elle accompagne de ses meilleurs vœux et de ses vives sympathies les efforts tendant vers le but digne et élevé que s'est proposé la Ligue de la Paix.

Agréez, Monsieur, l'assurance de mes sentiments les plus distingués.

Le chargé d'Affaires de Prusse,

Signé : COMTE DE SOLMS.

PREMIERS BULLETINS DE QUINZAINE

DE

LA LIGUE DE LA PAIX

Nous pensions arrêter ici ce volume, et nous avions à cet effet donné le *bon à tirer* réglementaire. Nous avions compté sans le timbre, devant lequel on ne trouve pas grâce à moins de six feuilles. Sur l'avis de nos excellents collègues, et afin de ne pas retarder davantage une publication qui nous est demandée depuis longtemps déjà, nous nous déterminons à former ce complément en reproduisant ici nos deux premiers *Bulletins* de quinzaine. Tous les lecteurs de ce volume n'auront pas eu sans doute l'occasion de les connaître ; et ceux qui les connaîtraient déjà voudront bien songer que c'est par économie que nous les remettons sous leurs yeux. (On remarquera peut-être, dans le premier de ces *Bulletins*, quelques différences avec le texte du *Temps*. Elles proviennent de ce que nous avions dû, pour nous mettre à la mesure de la place qui nous est accordée, faire à notre rédaction primitive d'assez nombreuses coupures.)

voulu se rendre compte à elle-même de ses premiers travaux et de leurs résultats, il s'est trouvé qu'elle pouvait mettre à nu devant tous, sans embarras, sa situation matérielle et sa situation morale. La première était bonne, la seconde meilleure encore ; et la séance du 8 juin, nous pouvons le dire hardiment, a dépassé les espérances des plus confiants. Les encouragements et les félicitations sympathiques d'une partie notable de la presse et, plus encore peut-être, les attaques d'une autre partie, ont prouvé que cette séance n'avait pas été un événement ordinaire. On pouvait, la veille encore, ne voir dans les promoteurs de la Ligue de la Paix qu'un état-major sans soldats ; on ne peut plus, après cette manifestation éclatante, méconnaître la puissance de la pacifique armée dont ils sont l'avant-garde. Évidemment les volontaires de la croisade nouvelle sont partout, et là même où l'on s'attendait le moins à les rencontrer. Il ne s'agit que de les faire lever et marcher ensemble.

Mais pour les faire lever il faut aller à eux ; et c'est ce qui n'a pas été suffisamment fait jusqu'ici, même par la Ligue de la Paix. Le Comité de la Ligue, assurément, n'est pas demeuré inactif. Il a recruté des noms et recueilli des souscriptions ; il a expédié des *circulaires* et des *bulletins;* il a, en dernier lieu, commencé la publication d'une *Bibliothèque* spéciale de propagande. Rien de tout cela n'est indifférent, et rien de tout cela n'est demeuré sans fruits. Tout cela cependant, sauf les premiers appels dont le sens, au milieu des préoccupations d'une lutte imminente, n'a pas toujours été bien saisi, a été surtout à l'adresse de ceux que des convictions anciennes ont faits, dès le premier jour, nos alliés, et n'a guère dépassé le cercle d'une publicité de famille. Le vrai public, le public que nous ne connaissons pas, n'a pas été mis à même de suivre convenablement nos efforts. Tout au plus, dans bien des régions, a-t-il eu l'occasion de connaître de nom seulement notre entreprise. Et, à cette heure encore, lorsque, par une circonstance ou par une autre, il se fait autour de nous un peu de bruit, nous pouvons être assurés de voir aussitôt, de tous les coins de l'horizon, arriver en foule de nouveaux auxiliaires tout étonnés, nous disent-ils, ou d'apprendre si tard l'existence d'une œuvre qui répond à toutes leurs aspirations, ou de reconnaître qu'ils s'étaient fait de sa nature et de son but une idée peu exacte, ou de constater enfin, à leur grande satisfaction, qu'ils avaient trop tôt pleuré la perte d'une espérance de plus.

A tous ces inconvénients, et à bien d'autres, dont la cause est analogue, le remède est indiqué. C'est la publicité qui a fait défaut à notre Ligue ; c'est la publicité qu'il faut accroître pour elle. Il lui faut, si cela est possible (et la séance du 8 juin vient de prouver que rien n'est moins impossible), de plus fréquentes et de plus favorables mentions dans les journaux. Il lui faut aussi, il lui faut surtout, un organe à elle, un organe habituel, régulier, avoué, où elle puisse, à époques fixes, donner sur elle-même tous les renseignements et tous les éclaircissements désirables ; où ceux qui cherchent ces renseignements soient assurés, à leur tour, de les trouver quand ils le veulent, et ceux qui ne les chercheraient pas amenés à les rencontrer parfois sans le vouloir. Depuis longtemps déjà ces considérations nous sont présentées par nos plus dévoués coopérateurs, et de toutes parts on nous presse d'y avoir égard. On nous fait remarquer que la plupart des *Sociétés de la Paix*, en Amérique, en Angleterre, en Suisse et ailleurs, ont leur journal ; que l'*Union de la Paix*, notre digne émule du Havre, a le sien ; et que nous ne pouvons, sous peine de rester en arrière, nous dispenser d'avoir le nôtre. Nous avons senti les premiers, qu'on veuille bien le croire, la valeur de ces raisons, et si nous avons, au gré de quelques-uns, trop attendu pour déférer à leurs vœux, c'est que nous n'aimons pas les mesures prématurées. *La Chronique de la Paix* aura un jour, nous l'espérons bien, son courrier dans chaque journal, tout comme la *Chronique du théâtre* ou celle des *Courses*. Mais avant de le lui donner dans un seul il n'était pas mauvais, à notre avis, d'attendre que le public nous eût prouvé, et qu'il se fût prouvé à lui-même, tout le premier, plus qu'il ne l'avait fait encore, qu'il pouvait prendre intérêt à ce genre de nouveautés.

La chose décidée en principe, restait la forme sous laquelle il convenait de la réaliser. La plus naturelle, en présence surtout de la législation nouvelle, semblait la fondation d'un journal spécial. C'était, nous ne le cacherons pas, celle que nous conseillaient beaucoup de nos amis. Ce n'est pas celle que nous avons, quant à présent, cru devoir choisir ; et ce ne sont pas seulement, comme on pourrait le croire, l'embarras, la complication et la dépense qui nous ont arrêtés. Nous n'avons nulle envie, en vérité, d'engager à la légère les ressources actuelles et futures de notre modeste budget ; mais nous avons reculé surtout devant des considérations morales. Nous ne sommes pas journalistes, et nous ne pouvions ni le devenir assez pour accepter un tel surcroît d'occupations et de responsabilité, ni abandonner à la merci d'une rédaction non éprouvée la mission si délicate encore d'exposer et de défendre nos principes.

Il faut du temps, d'ailleurs, même aux journaux les mieux dirigés et les plus heureux, pour se créer une clientèle ; et, lorsqu'ils sont parvenus à s'en créer une, il se trouve le plus souvent qu'ils n'ont guère fait que grouper autour d'eux des gens qui professaient d'avance les idées qu'ils leur exposent et que, par conséquent, ils ne prêchent que des convertis. Les journaux spéciaux, représentants d'une pensée simple, et par cela même limités dans leur cadre, sont tout particulièrement exposés à ce danger. Ils sont les moniteurs d'autant de petites églises. Nous ne blâmons pas ce rôle, qui peut être rempli avec autant de talent que de zèle ; mais ce n'est pas, nous le croyons, celui que nous devions être le plus pressés de remplir. Ce n'est pas à nos amis seulement, c'est à tous, aux hésitants, aux indifférents, aux ennemis même, s'il en existe, que nous avons à parler de notre œuvre ; et il importe à la fois, nous le répétons, et que ceux qui voudront bien la chercher sachent où la trouver, et que ceux qui ne la chercheraient pas la rencontrent de temps à autre sur leur chemin. Un journal quotidien, sérieux, bien posé, et, — ce qui n'est pas moins important, — assez ancien pour ne pas être suspect de courir après la popularité ou de provoquer à dessein la polémique, pouvait seul, dans la mesure du possible, répondre à ces difficiles conditions.

Mais ici se présentait une difficulté, disons plus, un danger d'un autre genre. Tout journal, quel qu'il soit d'ailleurs, a une couleur, qui bon gré mal gré s'étend plus ou moins à tout ce qu'il imprime ; et cette couleur, par cela seul qu'elle plaît aux uns, déplaît à peu près inévitablement aux autres. Faire d'un journal (quel qu'il soit encore une fois) son organe déclaré ; contracter avec lui, par l'insertion habituelle de ses documents, une sorte d'union visible ; c'est donc, habituellement au moins, accepter soi-même une couleur, écarter de soi par conséquent une portion plus ou moins importante du public, et perdre à peu près fatalement, quoi qu'on fasse, sinon sa liberté, du moins l'apparence de sa liberté. Pour une œuvre telle que la nôtre, dont le caractère essentiel est l'indépendance et l'impartialité, ce serait un dommage irréparable ; et nul n'en est plus convaincu que nous. Quelque reconnaissance que nous puissions devoir personnellement à la rédaction du *Temps*, quelque souvenir que nous conservions (nous aimons à le dire) de l'appui que ce journal nous a le premier, et le seul par moments, si résolûment prêté, nous n'hésitons pas à déclarer que nous n'aurions pas un instant songé à une combinaison de ce genre; et nous sommes convaincus que le *Temps* ne l'aurait pas acceptée plus que nous.

La combinaison à laquelle a bien voulu se prêter l'intelligente direction du *Temps*, et dont nous commençons par ces lignes mêmes la réalisation, est tout autre. Elle met à notre disposition, dans des limites et à des époques déterminées, la publicité du journal ; elle ne nous donne rien de plus, et par contre elle n'exige rien de nous non plus que l'envoi régulier de nos communications. Elle réserve à la rédaction habituelle, dans toute la partie qui ne nous est pas destinée, l'entière liberté de ses appréciations ; et elle nous assure, dans cette partie seulement, l'entière liberté des nôtres. Nous écrivons à côté de cette rédaction, et avec son assentiment ; mais c'est nous seuls qui écrivons, nous seuls dès lors qui sommes responsables de ce que nous écrivons, comme aussi nous ne sommes responsables que de ce que nous écrivons. C'est, à proprement parler, le *Bulletin de la Ligue de la Paix*, adressé d'abord, à intervalles inégaux, aux membres de la Ligue individuellement, qui paraîtra désormais, pour plus d'efficacité, à dates fixes, dans un journal, et commencera à entrer de cette façon dans le grand courant de la publicité commune. Avons-nous besoin de répéter que ce n'est à nos yeux qu'un premier pas, mais un pas considérable; et qu'une fois mises ainsi, par la voie de la presse, à la disposition de la presse entière, nos communications ne demeureront pas, pour peu qu'elles en vaillent la peine, exclusivement renfermées dans la feuille qui les aura reçues? L'attention accordée, dans ces dernières semaines, à notre grande séance, et dont nous saisissons ici l'occasion de remercier de nouveau publiquement tous ceux qui nous ont spontanément encouragés et soutenus, nous autorise à espérer pour notre œuvre, à mesure qu'elle grandira, un concours de plus en plus actif et bienveillant; et nous n'hésitons pas à dire que nous y comptons. Ce n'est pas qu'on ne nous ait fait entendre à cet égard de fâcheux avertissements. S'ouvrir un journal, nous ont dit quelques personnes, c'est se fermer les autres. Nous, nous croyons le contraire. Nous ne pouvions, évidemment, si nous voulons que nos *Bulletins* forment un ensemble, et que les intéressés les puissent suivre avec quelque attention, les disséminer par lambeaux de divers côtés. Nous ne pouvions davantage, à moins d'une périodicité qui fait de leur insertion un des éléments d'intérêt du journal qui les reçoit, attendre de la bienveillance d'une rédaction quelconque la publication assurée et textuelle de ce qui nous paraît devoir être publié. Mais nous pouvons, sans témérité, nous fier à cette bienveillance, à cette intelligence aussi, du soin de relever, selon ce que permettront les nécessités du moment, tantôt un passage et tantôt un autre. Nous n'avons qu'un organe, en un mot, parce que nous ne pouvons en avoir qu'un ; mais nous pouvons avoir beaucoup d'auxiliaires, et le but principal de cet organe est précisément d'obtenir et de mériter un plus grand nombre d'auxiliaires. Ce ne sera pas notre faute si nous n'y réussissons pas.

Quant au choix de cet organe, nous n'en dirons qu'un mot; il était en quelque façon désigné d'avance. Nous devons au *Temps*, pour l'accueil fait par lui l'an passé à nos premiers efforts, une gratitude d'autant plus vive que cet accueil a été plus spontané, nous dirions presque plus inattendu. Le sentiment d'autres services ne saurait, quelque sincère qu'il soit, nous faire oublier ce service de la première heure. C'est le *Temps*, on l'a dit, qui a été le berceau de la Ligue : c'est au *Temps*, le jour où la Ligue, devenue adulte, vient prendre rang dans la presse, qu'elle doit faire élection de domicile.

Nous ajouterions, si nous ne craignions de sortir de notre domaine, que d'autres considérations, même à côté de ces considérations décisives, peuvent n'être pas à nos yeux de peu de valeur. Nous n'avons pas, au nom de l'œuvre pour laquelle nous parlons, à traiter ce qu'on appelle des questions de politique courante; et ce n'est pas à nous (qu'on nous permette de le redire) qu'incombe la tâche de résoudre toutes les difficultés existantes ou possibles entre telles ou telles nations. C'est beaucoup (et c'est assez peut-être), si, en apprenant à détester la guerre et à aimer la paix; si, en faisant comprendre l'inutilité et le péril des solutions violentes, l'avantage et la fécondité des solutions amiables, nous contribuons à faire grandir dans les esprits les sentiments qui peu à peu écartent les difficultés et en préviennent le retour. Mais la vérité, pour porter ses fruits, a besoin d'arriver aux oreilles qui doivent l'entendre; et ce n'est pas, que nous sachions, trahir ses convictions, que de les exposer de préférence là où elles ont le plus besoin d'être connues et comprises.

En ce moment, comme il y a un an, c'est entre l'Allemagne et la France que s'interposent les nuages noirs qui, au dire de bien des gens, recèlent la tempête. C'est entre ces deux grands peuples que, tantôt pour une question et tantôt pour une autre, surgissent des méfiances, des incitations, des alarmes d'où pourrait, en effet, un jour ou un autre, sortir un conflit. C'est de là, si l'on n'y met ordre, que partira l'étincelle qui embrasera l'Europe; et c'est là, tout au moins, que sévit avec le plus de fureur la rivalité dangereuse d'armements qui la ruine. C'est là donc qu'il faut porter de préférence les paroles de paix; c'est là qu'il faut, par une incessante et, s'il se peut, irrésistible prédication; dissiper les malentendus, affermir les bons sentiments, combattre les mauvais; faire, au nom de l'intérêt, de la liberté, de la dignité communes, prévaloir enfin la confiance, la concorde, la bienveillance mutuelles. C'est entre ces deux peuples, pareillement égarés l'un et l'autre par d'anciens ressentiments et par d'anciens remords, qu'il faut étendre, comme ces ponts jetés chaque jour à frais communs sur le fleuve qui les sépare encore, l'arche d'alliance des grandes espérances universelles, et l'amour grandissant de la patrie européenne. C'est à eux qu'il faut dire, enfin, en empruntant la belle péroraison de notre excellent et digne ami, M. Richard :

« On vous anime les uns contre les autres, en vous disant que vous êtes des monstres ; et parfois vous vous laissez aller à le croire, parce que vous ne savez encore vous regarder que de loin, d'un œil troublé par la méfiance, et à travers le brouillard épais des préjugés et des rancunes.

» Mais regardez-vous enfin franchement en face ; regardez-vous de près ; regardez-vous aux rayons naissants de ce soleil de justice qui commence à se lever sur le monde, et vous aurez bientôt reconnu que vous êtes des hommes ; et non-seulement des hommes, mais des frères. Et alors, comme des frères heureux de se retrouver après s'être crus perdus, vous vous embrasserez, en répudiant à jamais toutes ces animosités dont vous avez été trop longtemps les victimes, toutes ces charges dont le poids accumulé s'appesantit plus lourdement chaque jour sur vous et sur vos enfants. Et vous ne songerez plus qu'à utiliser à l'envi, pour votre bonheur et votre honneur à tous, ce patrimoine inépuisable que vous n'avez guère su jusqu'à ce jour que ravager. »

Quels applaudissements ces paroles et d'autres analogues ont soulevés naguère en France, ceux qui assistaient à la séance du 8 juin le savent; ceux qui liront le compte-rendu de cette séance le sauront bientôt. Quels sentiments elles rencontreront en Allemagne, nous le saurons aussi, ou plutôt nous le savons déjà : car nous n'avons, pour nous édifier sur les vrais sentiments de l'Allemagne à l'égard de la France, comme sur les sentiments de la France à l'égard de l'Allemagne, qu'à ouvrir notre correspondance et à enregistrer, à mesure qu'ils se produisent, les faits les moins suspects. C'est ce que nous ferons tous les quinze jours, en exposant ici le progrès de nos forces, de nos ressources, de notre influence; et ce qui, grâce à l'égale autorité dont ce journal jouit sur les deux rives du Rhin, pourra servir, dans une certaine mesure, à hâter l'achèvement de la réconciliation commencée. Puissions-nous y réussir bientôt en effet! Puissent, en dépit des prévisions sinistres des prophètes de malheur, les complications de la politique s'évanouir, une fois encore, devant les répugnances de plus en plus accentuées de l'opinion! Mais si, par malheur, de nouveaux désastres nous étaient réservés; si, une fois encore, parce qu'ils se sont déchirés et méconnus cent fois, les peuples devaient se méconnaître et se déchirer de plus belle, nous persisterions, au milieu du déchaînement de la violence et de la ruine, à en appeler de l'humanité égarée à l'humanité rendue à elle-même : et pendant la guerre, en face de la guerre, au nom de la guerre, qui plaiderait plus haut que nous sa condamnation par ses œuvres, nous ne cesserions de prêcher l'esprit qui vaincra la guerre ; qui déjà, s'il osait se connaître et se déclarer, l'aurait vaincue, et vaincue sans retour !

SECOND BULLETIN [1]

« L'EUROPE A BESOIN DE LA PAIX ; LA FRANCE LA DÉSIRE. » Ainsi s'exprimait, il y a quelques jours à peine, du haut de la tribune française, le représentant officiel de la politique du gouvernement français à l'extérieur, le ministre des affaires étrangères. On ne saurait, en moins de paroles, donner plus solennellement raison à la Ligue de la Paix ; car on ne saurait proclamer plus haut la justice et la puissance des idées au nom desquelles s'est constituée cette Ligue.

Nul ne s'étonnera donc que nous commencions par prendre acte de cette importante déclaration, au risque de retarder de quelques instants peut-être nos remercîments à tous ceux qui, dans ces dernières semaines, ont acquis des titres à notre gratitude. Nous en aurions beaucoup à faire cependant, et la place dont nous disposons (fût-elle plus élastique)

[1] 15 Juillet 1868.

ne saurait suffire à payer convenablement toutes nos dettes.

Nous devons des remercîments, d'abord, à notre devancière et à notre modèle, la *Société de la Paix*, de Londres, qui, non contente de nous avoir envoyé le mois dernier son éloquent secrétaire, s'inscrit aujourd'hui parmi nos souscripteurs pour une somme importante, et donne en même temps à notre BIBLIOTHÈQUE DE LA PAIX la moins suspecte des consécrations en en faisant traduire pour sa propre collection deux livraisons [1]. Nous en devons à la chambre de commerce de Toulon qui, pour concourir à la propagation de cette excellente littérature, prélève sur son budget une allocation spéciale ; et à plusieurs autres chambres, dont les présidents ou les membres nous ont renouvelé l'expression de semblables sympathies. Nous en devons à l'*Impartial de l'Est* et à son savant collaborateur, le docteur Saucerotte, dont le remarquable travail sur *la*

[1] La 1re et la 3e ; — les *Guerres contemporaines* et la *Guerre et les Epidémies*. Nous rappelons que ces petits volumes se trouvent, ainsi que d'autres, au prix de 50 centimes, au Secrétariat de la Ligue, rue Roquépine, 18; à la librairie Guillaumin, et dans les gares de chemins de fer. On y trouve également, pour 15 centimes, notre *Conférence sur la paix et la guerre.* Nous engageons les personnes qui désirent la diffusion de nos idées à ne pas craindre de s'assurer à l'occasion de la présence de nos publications parmi les productions de tout genre qui sollicitent plus bruyamment l'attention des voyageurs.

Question de la guerre et la Ligue de la paix reflète admirablement le vigoureux bon sens de cette grande région de l'Est, si sûre d'elle-même et si peu envieuse des autres, si forte dans son patriotisme éprouvé, mais si peu soucieuse de porter au delà de la frontière, au risque de les ramener une fois de plus en deçà, le trouble et la désolation. Nous en devons au *Journal de Nice* qui, sans montrer une foi bien forte encore dans la sagesse de l'opinion et dans la valeur des moyens dont elle dispose pour se faire écouter, vient de consacrer à nos efforts plusieurs articles fort étendus; et nous en devons à son contradicteur le *Phare littoral* qui, après avoir des premiers applaudi à nos débuts, combat victorieusement aujourd'hui, par l'histoire et par les faits contemporains eux-mêmes, cette prétendue impossibilité de la paix et de l'arbitrage international [1]. Nous devons des remercîments à l'*Univers*, qui a nous attaqués, et nous en devons au *Croisé*, qui nous a défendus [2]; car l'attaque, et la défense qu'elle provoque, profitent également aux

[1] Nous n'avons pas besoin de rappeler que nous ne prétendons pas mentionner ici les articles antérieurs à ces derniers jours.

[2] Au moment où nous terminons ces pages, nous recevons un travail fort remarquable de M. Georges Seigneur, intitulé : la *Ligue de la paix, appel aux catholiques*. Nous nous hâtons de signaler ce nouveau secours, et nous en témoignons à M. G. Seigneur toute notre gratitude.

causes justes, et la nôtre n'a qu'à gagner à ce qu'on la discute. Nous devons des remercîments à bien d'autres, en vérité : — aux prédicateurs qui, comme le R. P. Perraud, convient l'Eglise à « renouveler au dix-neuvième siècle le prodige du onzième, » en proposant à tous les peuples ce « *fraternel désarmement,* » dont la *trêve de Dieu* n'a été qu'un premier et imparfait degré ; — aux artistes qui, comme Mme Ernst, appelés à faire sentir à la foule les émouvantes beautés de la poésie française, se plaisent à animer de préférence de leur souffle enflammé les accents prophétiques des chantres de la paix ; — aux écrivains, aux professeurs, aux savants qui, dans le cercle de leur influence, ne manquent pas (ainsi que plusieurs nous l'écrivent) « une seule occasion » de faire comprendre et détester « le crime et la folie de la guerre ; » — et enfin, faut-il le dire? plus qu'à personne peut-être, à ces auxiliaires ignorés et souvent méconnus, à ces administrateurs, à ces fonctionnaires vraiment clairvoyants et vraiment fidèles, qui prêchent autour d'eux assurément la modération et le calme, mais qui recueillent en même temps, avec une intelligente sollicitude, pour les faire monter de proche en proche jusqu'aux sphères où se décident encore les destinées des peuples, tous les signes de la protestation chaque jour plus vive des intérêts et des sentiments alarmés. Plus d'un, nous le savons, dans ces dernières semaines précisément n'a pas craint, à l'occasion de la première application de la loi nouvelle, d'insister chaleureusement sur la nécessité de prendre enfin l'initiative d'un allégement sérieux et de donner ainsi aux « paroles de la paix, » qui ne suffisent plus, la confirmation d'un « acte de paix. »

C'est, nous osons le dire, la seule façon raisonnable d'en finir ; et, nous osons le dire aussi, il est temps d'en finir (1).

Il n'y a plus rien à ajouter, en effet, sur le poids et le danger de ces « armements exagérés » qui depuis trop longtemps ruinent et affament le monde. Toutes les voix tour à tour ont condamné cette « vaine ostentation de forces » dans laquelle « s'épuisent les ressources les plus précieuses ; » et les plus puissantes n'ont pas été les moins sévères.

Jusqu'à quand, disait-on naguère au nom de la France, « la rivalité jalouse des grandes puissances empêchera-t-elle les progrès de la civilisation ? » Quel est, répétait-on hier au nom de l'Allemagne, « l'homme de bon sens qui ne voudrait voir appliquer aux œuvres de la paix les sommes énormes que, dans toute l'Europe, on consacre aux choses de la guerre ? » On est donc d'accord sur le mal, et d'accord aussi sur la nécessité d'y mettre un terme. Pourquoi alors ne l'a-t-on pas encore diminué ?

(1) Parmi toutes ces excellentes nouvelles, nous avons malheureusement le regret d'en apprendre une mauvaise ; c'est la mort de M. Edmond Potonié, fondateur du *Cosmospolite* et de la *Ligue du Bien public et de la Paix,* dont le nom et le zèle étaient connus de tous ceux qui ne professent pas le culte de la guerre.

pourquoi, tout en maudissant la guerre et en déplorant les charges insupportables du pied de guerre, n'ose-t-on rompre enfin résolûment avec ces traditions unanimement condamnées ? Tout le monde le sait, et il ne servirait de rien de le dissimuler : parce qu'on se méfie les uns des autres. Parce que, gouvernements ou peuples, on se prête à l'envi des desseins secrets d'hostilité et de haine. Parce que la France, qui a foulé jadis l'Allemagne, et l'Allemagne qui, à son tour, a envahi la France, ne peuvent se décider à croire qu'elles aient vraiment l'une et l'autre abjuré les ressentiments, les rancunes, les ambitions qui, tant de fois, les ont armées l'une contre l'autre. Parce qu'enfin les nations ont leur vanité comme les hommes, et que la vanité consiste souvent à ne pouvoir prendre sur soi de s'avouer raisonnable. Il n'y a pas, disions-nous naguère d'après nos correspondants les plus autorisés, un homme sérieux en Allemagne qui songe à enlever à la France une ville ou un village ; pas un qui rêve, au profit de l'Allemagne, l'abaissement d'aucune partie du reste de l'Europe [1]. Et il n'y a guère, ajoutions-nous aux applaudissements de l'auditoire très-français qui nous écoutait, d'hommes sérieux, en France, qui persistent à considérer leur patrie comme appelée par vocation spéciale à l'empire du monde, et se croient tenus, en conséquence, sous

[1] V. les textes dans le compte de la séance du 8 juin et dans l'appendice.

peine de déchéance, de refuser aux autres nations leur place au soleil. Ce n'est pas ainsi, ajoutions-nous, qu'on entend désormais, en France ou en Allemagne, le vrai patriotisme et le vrai courage.

Le vrai patriotisme et le vrai courage consistent à vouloir son pays grand, respecté, prospère, et non à poursuivre l'humiliation, l'abaissement et la ruine du pays des autres. Le vrai patriotisme et la vraie sagesse consistent à faire ses affaires, non à s'occuper des affaires des autres ; à s'aider, non à se craindre ; et à marcher ensemble, dans la noble et sainte émulation de la liberté et du travail, à la conquête pacifique et bienfaisante du monde. Voilà la véritable ambition des grands peuples ; voilà celle de nos concitoyens, à tous ; et quand on leur en prête une autre, on les calomnie, nous n'hésitons pas à le dire, et « ils n'attendent qu'une occasion pour le prouver. »

Nous pouvions paraître téméraire en prononçant ces paroles ; et bientôt, en effet, l'on a pu croire que l'événement allait leur donner un éclatant démenti. Des déclarations sont venues de Berlin, dans lesquelles, tout en jetant sur le système d'armement à outrance ce dernier anathème que nous rappelions tout à l'heure, on semblait repousser jusqu'à la supposition d'une solution raisonnable. La France, dans ces déclarations, paraissait assez clairement désignée comme mettant, par son incurable prétention à la prépondérance, un obstacle fatal à la paix : l'Allemagne, de son côté, ne paraissait pas éloignée de s'attribuer le rôle d'arbitre de l'Europe ; et la guerre, en mots peu couverts, était indiquée comme l'unique moyen de museler la guerre et *d'imposer la paix*. Certes, en d'autres temps, il n'en aurait pas fallu si long pour mettre le feu aux poudres ; et les experts en point d'honneur national n'auraient pas hésité à proclamer qu'il ne restait plus qu'à vider la question par les armes (comme si les armes avaient jamais rien résolu !). Qu'est-il arrivé cependant ? C'est que, des deux parts, le sentiment national a réagi. C'est que si nous n'avons pas, de ce côté de la frontière, trouvé précisément de bon goût cette façon de présenter ses assurances d'amitié à la pointe de l'épée, nous nous sommes souvenus que le ministre prussien n'était pas le premier, après tout, qui eût employé ce procédé pour enlever un vote, et nous avons eu plus d'envie de sourire que d'entonner le *Rhin* d'Alfred de Musset. C'est que les Allemands, de leur côté, et les plus Allemands, à coup sûr, comme M. Simon, de Trèves, ont énergiquement protesté. C'est que la *Correspondance de Berlin*, dont le commentaire équivoque avait, au premier moment, plutôt aggravé qu'adouci la portée de la déclaration de M. de Moltke, s'est empressée, à la seule apparence d'un malentendu, de désavouer toute interprétation irritante, et de répudier toute arrière-pensée de provocation ambitieuse [1]. C'est enfin que toutes

[1] On nous signale, au dernier moment, l'excellent langage de plusieurs journaux de la Prusse rhénane.

les opinions, à ce moment même, et pour la première fois peut-être, se sont trouvées d'accord parmi nous pour affirmer à l'envi la tranquille modération de la France. Le *Petit Moniteur*, après le grand, « a constaté une fois de plus que *la volonté de l'Empereur, du Corps législatif et du pays, est de maintenir la paix du monde, condition essentielle du progrès de la civilisation.* » Et tandis que le plus éloquent orateur de l'opposition, dans un langage qui n'avait jamais été plus élevé, proposait de réagir contre le mal universel « *en plantant fièrement sur le terrain des nations étrangères le drapeau de la paix*, » le gouvernement, par ce mot que nous tenons à répéter en finissant, déclarait à la face du monde que « l'*Europe a besoin de la paix, et que la France la désire.* »

Après cela, en vérité, où donc restent les causes d'appréhension et de malaise ? Elles ne sont pas dans la politique nouvelle, qui commande à tous le respect et l'indépendance. Elles sont tout entières dans les vestiges surannés de l'ancienne politique dont personne ne veut plus. Elles sont dans cette carapace qui nous étouffe et dans ces amas de matières explosibles qu'une étincelle peut enflammer. C'est de cela que l'opinion s'inquiète, et c'est de cela qu'elle est lasse. C'est à cela qu'elle veut mettre ordre. Elle a, depuis deux ans, empêché les canons de partir : ce n'est pas assez, il faut maintenant que peu à peu elle fasse rentrer les canons sous la remise, et renvoie aux champs et aux ateliers le fer et les bras qui leur manquent. Est-ce impossible, comme quelques-uns le prétendent? Est-il, pour peu que l'on y mette de bonne volonté, plus difficile de s'entendre pour réduire ses armées que pour les accroître, et l'équilibre serait-il moins l'équilibre si, de part et d'autre, les quantités étaient pareillement diminuées? L'équilibre est-il indispensable, d'ailleurs, et faut-il absolument, parce que d'autres ont du plomb aux pieds, que nous en ayons aussi? Une grande nation ne peut-elle, enfin, prêcher d'exemple après avoir prêché de paroles; et ne serait-ce pas là, n'en déplaise aux gens qui ne comptent que sur le déploiement de la force matérielle, la véritable « initiative » à prendre pour « imposer » la paix? C'est ce que nous essaierons, en quelques mots au moins, d'examiner dans notre prochain *Bulletin*.

LA MARSEILLAISE DE LA PAIX

Ce chant a été improvisé, il y a une vingtaine d'années, par un des membres les plus notables de notre Ligue, pour un banquet dans lequel s'étaient réunis fraternellement des jeunes gens des deux côtés de la frontière. Nous sommes heureux de pouvoir ainsi clore ce volume.

Allons, enfants de la patrie,
Le jour de gloire est arrivé,
De la Paix, de la Paix chérie,
L'étendard brillant est levé! (*bis.*)
Entendez-vous vers nos frontières,
Tous les peuples ouvrant leurs bras,
Crier à nos braves soldats :
Soyons unis, nous sommes frères!

Plus d'armes, citoyens, rompez vos bataillons!
Chantez,
Chantons!
Et que la Paix féconde nos sillons!

Pourquoi ces fusils, ces cartouches?
Pourquoi ces obus, ces canons?
Pourquoi ces cris, ces chants farouches,
Ces fiers défis aux nations? (*bis.*)

Pour nous, Français, ô quelle gloire,
De montrer au monde dompté,
Que les droits de l'humanité
Sont plus sacrés que la victoire!

Plus d'armes, etc.

Et quoi! les horreurs de la guerre,
Les larmes, le deuil et la mort
Inonderaient encor la terre,
Et nous jetteraient loin du port! (*bis.*)
Grand Dieu! que nos mains homicides
Ne rougissent plus de sang!
L'homme en tous lieux est ton enfant :
Epargne-nous des fratricides!

Plus d'armes, etc.

Serrez vos rangs, nobles cohortes,
Travailleurs des champs, des cités,
Avec transport ouvrez vos portes
Aux trésors, fruits des libertés! (*bis.*)
Que le fer déchire la terre!
Pour le bonheur, pour le progrès,
Le simple artisan de la Paix
Vaut mieux que le foudre de guerre.

Plus d'armes, etc.

Sur des ailes de feu lancée,
Poètes, écrivains, savants,
Au monde envoyez la Pensée!
Du monde soyez conquérants! (*bis.*)
Partagez ce saint héritage,
Prouvez ainsi votre valeur!
Le vaincu bénit le vainqueur;
Ce sont les combats de notre âge!

Plus d'armes, etc.

TABLE DES MATIÈRES

APPENDICE.

FIN DE LA TABLE.

VERSAILLES. — IMPRIMERIE CERF, 59, RUE DU PLESSIS.

La **Ligue Internationale de la Paix** a pour bu[t] exclusif la propagation des idées indiquées dans sa déclaration précédemment publiée. (*V. au verso du titre.*)

Sa durée est indéfinie.

Elle admet dans son sein, *sans distinction de race, de couleur o[u] de sexe, sans acception de parti ou de religion,* toutes les personnes qui acceptent son programme et se sentent disposées à en seconder la réalisation.

La Ligue se compose : 1° De *Fondateurs;* 2° de *Sociétaires* 3° d'*Adhérents.*

Le titre de Fondateurs est acquis aux membres actuels du Comit[é] et à tous ceux qui, dans le cours de la première année, auront versé une somme une fois payée de CENT FRANCS au moins.

Les Sociétaires doivent une cotisation annuelle de CINQ FRANCS Cette cotisation n'est plus exigible si, avant l'ouverture d'une année nouvelle, le Sociétaire a déclaré renoncer à ce titre.

Les Adhérents ne sont astreints à aucune obligation. Ils donnent, avec leurs noms, leur concours à l'œuvre commune, dans la mesure de leurs forces; et la soutiennent, s'ils le jugent à propos, par leurs offrandes. Tous les dons volontaires, jusqu'aux plus minimes, sont reçus avec une égale reconnaissance, et inscrits sur la liste générale des Membres.

Les Sociétaires et Fondateurs ont droit :

1° A un compte-rendu annuel de la situation financière et morale de la Ligue. — 2° A toutes les publications faites par elle ou en son nom. — 3° A une carte d'admission aux assemblées générales, conférences, lectures ou réunions organisées par la Ligue. Ils sont appelés à élire le Conseil d'Administration central et convoqués spécialement à cet effet chaque année.

La Ligue est représentée et administrée par un Conseil supérieur ou *Comité international,* siégeant quant à présent à Paris; et par des *Comités nationaux* formés, sous les mêmes inspirations que le Comité central, dans les diverses contrées de l'Europe. Le Comité international est élu, à la majorité des suffrages exprimés, par les Sociétaires. Il désigne lui-même son bureau et fait son règlement intérieur. Cette élection a lieu, chaque année, le 30 mai, date anniversaire de la déclaration collective qui a constitué la Ligue.

Pour la première année, le Comité actuel, fort de la confianc[e] des premiers adhérents qui ont spontanément répondu à son appel, reste en fonctions. (*V. les noms au verso du titre.*)

PUBLICATIONS DIVERSES
FAITES PAR
LA LIGUE INTERNATIONALE DE LA PA
OU A SON PROFIT

Premier **Bulletin**. . . . . 0 f. 10 c.
Deuxième **Liste d'adhésions**. 0 10
Deuxième **Bulletin**. 0 15
La Guerre et la Paix, conférence faite à Paris, par M. Frédéric Passy. 0 15

LA BIBLIOTHEQUE DE LA PAIX
COLLECTION DE VOLUMES SPÉCIAUX, PUBLIÉE SOUS LES AUSPICES DE LA LIGUE
Le volume, 50 centimes.

Guerre à la Guerre, par M. A. Larrieu, membre fondateur.
Les Guerres contemporaines, par M. Paul Leroy-Beaulieu, lauréat de l'Institut, sociétaire.
La Guerre et les Épidémies, d'après les Mémoires de la Société Médicale de Metz, par M. Guilhaumon, sociétaire.
Comment on peut assurer la défense nationale en diminuant l'armée, par le comte L. de Dreuille, membre fondateur. — Etc.
Première assemblée générale de la Ligue de la Paix, discours de MM. J. Dollfus, F. Passy, A. Visschers, H. Richard, Isidor et Martin-Paschoud, avec pièces justificatives et annexes, 1 vol. de 216 pages. . . . . 1 fr.

PUBLICATIONS DIVERSES DÉDIÉES A LA LIGUE DE LA PAIX
La Guerre s'en va, 2 brochures, par M. A. Beaudemoulin, ingénieur en chef en retraite, sociétaire, chacune 15 centimes.
Les Forts mobiles et la défense du territoire, par M. V. Lahérard, sociétaire.
Ce que c'est que la Ligue de la Paix, circulaire des Amis de la Paix de Metz; reproduite dans le second BULLETIN.

Pour toutes ces publications, s'adresser :

A la librairie GUILLAUMIN et Ce, rue Richelieu, 14,
Et au *secrétariat* de la Ligue, rue Roquépine, 18, à Paris,
où se trouve déposé le registre d'adhésions.

Les fonctions de *trésorier* sont confiées à la maison ***Dollfus, Mieg et Ce, rue Saint-Fiacre, 9, à Paris,*** à laquelle on est prié de faire parvenir directement, pour plus de régularité, les cotisations et souscriptions.
Pour la correspondance, s'adresser au *secrétariat*.

VERSAILLES. — IMPRIMERIE CERF, 59, RUE DU PLESSIS.